감 사 패

한국우주소년단 총재
이 상 희

한국우주소년단을 만든 선구자

반짝이는 별은 결코 밝은 곳에서는 볼 수 없듯이

우주소년단의 선구자로 기억하겠습니다.

"우리들의 영원한 과학 대통령"

2010년 9월 30일

우주를 향한 꿈과 희망이 공존하는 곳

한국우주소년단

團員·指導者 一同

기적은

1%의 영감과 99%의 감성

이 책은 (주)씰테크 황의식 회장님과 (주)골드론 박남팔 회장님의 후원으로 발간합니다. 감사합니다.

차 례

청년창업 창조적일자리 해결책은

올림픽 복지마을운동으로 청년일자리를 만들자

오늘의 가장 심각한 사회문제는 청년실업의 확대이다. 대통령도 모든 장관들께 청년일자리문제의 해결책을 강조하고 있다. 무엇 때문일까? 우리현실은 저출산과 노령화사회로 빠르게 변하고 있다. 여기에 버팀목역할을 청년층이 해야 한다.

그러나 그들은 일자리문제로 좌절의 늪에 빠져 있다. 가족부양을 해야 할 그들의 선배인 장년층조차 실업률이 증가하고 있다. 국가경제구조가 산업경제에서 지식경제로 변하면서 기존공장들은 축소, 자동화, 해외이전으로 일자리가 줄어들기 때문이다.

우리경제는 분명 거대한 변화의 과도기에 놓여있다. 1980년대 핀란드는 국가경제의 중심축인 노키아가 몰락하자 국가위기의 과도기였다. 즉각 유럽경제두뇌들의 자문에 따라, 국가적 특단의 정책의지로 전문가들의 창업동아리와 지방창업지역을 지원하여, 서둘러 지식전문창업국가로 탈바꿈했다. 분단의 작은 국가 우리는 어떤가? 비장한 각오의 전문정책이 아니라 인기영합의 일반정책으로 청년일자리문제에 대응하는 것이 우리의 안타까운 현실이다.

청년일자리문제는, 우리국가자체가 지식전문 창업국가로 탈바꿈 할 때, 그 근본적 해결이 가능하다. 이 같은 국가적 변신이 가능할까?

창의적이고 긍정적으로 점검해보자.

첫째는 우리젊은이들의 능력이다. K팝, 여성골프, 테니스, 양궁, 사격, 검도, 섬세한 빙상 종목 등 그 경쟁력은 세계제패수준이다.

둘째는 산업사회의 고속도로와 공단대신에 AI, Iot, Big data, Cloud 등 4차산업혁명기술에 유능한 디지털세대가 전문창업인력으로 대기하고 있다.

셋째는 빌게이츠 창업의 창고 공간보다 월등히 좋은, 청정 시골지역이, 지방 여러 곳에 대기하고 있다.

넷째는 평창올림픽의 성공이 정부와 국민들에게, 특히 젊은 올림픽세대들에게 성공의 자신감을 심어주고 있다.

마지막으로 국가의 역사적 운세이다. 그리스로부터 지구자전방향으로 이동하던 역사의 운세가 드디어 동북아의 피뢰침국인 대한민국으로 모여들고 있다. 이는 평창동계올림픽 성공이 입증한 셈이다. 이 같은 긍정적인 장점들을 모두 끌어안는 보금자리를 마련해야한다. 더불어 보금자리 만들기를 일종의 국민정신운동으로 전개하면 어떨까.

특히 올림픽정신이 화합과 평화이기 때문에, 올림픽운동도 하나의 지구촌을 복지마을로 만드는 운동이나 마찬가지다.

우선 평창을 "올림픽복지마을운동"의 시범지역으로 선정한다. 대부분의 동계올림픽개최지가 폐허의 유물이 되었지만, 평창은 각종경기종목에 따라 그에 적합한 게임과 영상 그리고 가상체험을 통해서 힐링마을이 될 수 있도록, 디지털세대들의 각종 창업을 적극 유도하고 지원하여 "평창 올림픽복지마을"을 조성한다.

따라서 평창은 가장 성공적인 디지털 개최지답게 유일한 흑자복지마을이 될 것이다. 전국적으로 각지방자치행정은 지역특성에 따른 올림픽복지마을 조성에 행정적으로 지원한다.

가령, 강원도는 환경복지, 충북은 바이오복지, 충남은 과학복지, 전북은 문화예술복지, 전남은 농업영양복지, 경북은 디지털교육복지, 경남은 해양기술복지, 그리고 서울은 에너지복지, 경기는 금융 유통복지 등으로 원칙을 정한다. 각 지방은 그에 따른 올림픽복지마을의 정책지원과를 만든다. 중앙행정은, 국가적 기본 틀이 지식복지국가로 개혁될 수 있도록 올림픽복지마을정책을 체계적으로 추진한다.

특히, 중앙정부는 세계적인 첨단기술창업정보 지원센타를 운용하면서 올림픽복지마을운동을 동남아등 개도국들에 확산시킨다.

젊은이들이 지식사회에 걸맞게 대기업 취직에서 전문기업 창업으로 변신하기위해서는 무엇보다 우리대학이 대변신을 해야 한다. 중간고사 기말고사의 대학교육이 아니라, 다양한 전공지망자들이 모여 각종 창업전문동아리를 만들고 4차산업혁명기술을 활용하여, 창업을 위한 각종 전문정보를 수집 분류 평가 융합하는 창업연구소와 창업산실이 되어야 한다. 학사, 석사, 박사도 전문

창업의 연구 기획 경영 등의 수준과 성공에 따라 결정되는 제도가 마련되어야 한다.

만약, 대학이 전문창업의 유명한 산실이 되면, 그 같은 대학은 개도국 유학생들의 매력적인 경연장이 될 것이다. 또한 올림픽복지마을운동이 해외로 수출되면, 우리청년들은 패키지 형태로 자연스럽게 해외창업과 취업이 가능할 것이다.

분명 평창동계올림픽은 우리역사의 성공적인 변곡점이 될 것이다. 동계올림픽의 냉철함이 냉철한 지식사회의 성공적 변신을 가져올 것이다, 또한 산업사회의 청년실업을 올림픽의 열정과 감동으로 지식사회의 청년창업을 성공시키는 변곡점이 될 것이다.

창업을 하려면 러시아 열차에 올라라

최근 창업이 산업경제에서 지식경제로 발전하는 핵심이 되고 있다. 이에 따라 지식경제 주인공인 젊은이들의 미래가 되고, 또 도전장이 되고 있다. 하지만 청년들은 눈앞의 생계만 생각하다보니 창업의 90%가 '생계형 창업'이 되었고, 그들 중 80% 정도가 2년 이내 폐업을 하고 있다. 이는 청년들의 절실한 목소리를 제대로 듣지 못한 정부의 문제이기도 하다. 단기적 성과에만 눈먼 정부는 국내 내수에만 초점을 맞추고 청년들에게 달콤한 사탕을 쥐여 준 것이다.

이와 반대로, 현재 우리와 가장 가까운 일본은 '민간기업의 창의적 R&D 활동을 촉진하기 위한 환경 정비 방향'을 발표하고 국내 및 해외 진출에 알맞은 마케팅 전략을 세우고 있다. 이제는 더 이상 청년들도 정부도 안방에서 해결 볼 것이 아니라, 밖을 나가야한다.

그렇다면 '생계형 창업'이 아닌 '혁신형 창업'을 창조하기 위해선 무엇을 해야 할까?

거대한 지구를 인체에 비유해 보았을 때, 마작, 화투, 바둑, 게임 등에 능하여 상체의 팔, 손 부분에 해당하는 응용 · 생산의 명수인 나라는 한국, 일본, 중국이다. 반면에 지구생물 머리 부분은 역시 기초 첨단과학과 문학 · 예술 등 창의적 사고에 몰두하는 러시아다.

한때 우리나라 학생들이 애용했던 집중력 증강용 '엠씨스퀘어'를 개발한 것도, 최근 피부미용, 초기 암치료, 이명, 치매 등 효능이 광범위한 '엔돌핀 생성기'를 개발한 것도 바로 러시아의 최대 생리학 연구소이다. 이 같은 러시아의 기초 첨단연구를 기반으로 우리 청년들이 응용 · 생산하여 상용화 특허를 만들고, 글로벌 마켓으로 들고 나설 때 바로 '혁신형 창업'이 이루어지는 것이다.

그러기 위해선 유라시아 전역을 잇는 러시아의 횡단열차에 국내 창업청년들을 싣고, 러시아정부의 최고 연구기관으로써 무려 300여년의 역사를 가진

'RAS'(Russian Academy of Science, 러시아과학아카데미)의 주요 단지(극동 블라디보스톡을 출발해 하바롭스크 → 이르쿠츠크 → 노보시비리스크 → 예카테린부르크 → 모스크바 → 상트페테르부르크)들을 방문하여, 사전 준비된 비즈니스 설계를 토대로 실질적인 시장 체험을 할 수 있도록 지원하는 연수 프로젝트를 수행해야 한다.

그러면 이를 뒷받침할 실천전략은 무엇일까?

첫째, 기존 방문형 단기 교육/연수 프로그램과는 다르게 최소 3개월에서 1년까지 해외 시장에 대한 체험과 비즈니스 라인업을 설계할 수 있도록 정부가 지원하는 프로젝트를 기획한다.

둘째, 사전 설계된 목표 도시에 가기 전, 열차 내부에서 이루어지는 다양한 비즈니스 모델 설계와 해당 도시에 대한 사전 정보를 시니어 멘토와 코칭 형태로 진행한다.

셋째, 글로벌 엑셀러레이터와 연계한 시장 성장성이 높은 핵심 선진 도시에서의 창업 데모데이를 개최한다.

넷째, 운영 회수에 따라 기수를 부여하고, 사업 정보와 비즈니스 파트너로서의 커뮤니티 형성을 지원한다.

다섯째, 프로젝트의 팀별 성과에 따라 개인에게 주어질 혜택들을 만든다.

한국 역사상 가장 불행했던 시기는 농업사회에서 산업사회로 바뀌던 때였다. 당시 우리는 역사적 흐름을 파악하지 못하여 일본의 식민지가 되었고, 일본은 산업사회로 변신하였다. 그 시기를 되풀이하지 않기 위해 지금의 우리가 변화되어야 한다. 오늘날의 지식사회로 역사적 흐름의 고속도로로 들어갈 때는 필수 요건이 있다. 바로 기초첨단기술을 기반으로 한 튼튼한 바퀴다. 하지만 그 바퀴가 고속도로를 달릴 때는, 그것을 어떻게 변형시켜 만들어 내느냐에 따라 도착시간이 판가름 날 것이다.

바로 일본의 소니와 도시바를 능가한 삼성과 LG가 그 점을 입증하고 있지 않은가. 원천 기초기술 개발자보다 상용화를 더 잘할 수 있는, 바로 무에서 유를 만드는 기업가 정신이 우리의 경쟁력이라는 것이다. 이제는 정부가 창업생태계에서 살아남을 수 있는 길을 청년에게 개척하라 방치하지 말고, 개척할 수 있는 도구를 손에 쥐여주며 함께 해결해 나가야 할 것이다.

청년, 장년, 실버층 일자리 만들기 : 창조마을운동!

청년층의 새 일자리마련, 장년층의 일자리 안정, 실버층의 노후일자리 확보, 특히 대학졸업생의 치열한 취업전쟁해결, 실버층의 일거리로 치매예방만 해결될 수 있다면 사회복지의 기본이 해결된다.

그러나 하드웨어중심의 대규모화, 대기업 및 대도시 집중화가 특성인 산업경제 사고로는 그 해결이 불가능하다. 산업사회의 새마을 운동이 사람과 사람간의 근면, 자조, 협동이었기 때문에 인구의 산업집중화 도시집중화는 불가피했으며 이로 인해 인구의 농촌이탈현상이 급속히 진행되었다.

실례로 경남 합천 쌍백초등학교는 20년 전 전교생이 2,700명이었으나 지금은 13명뿐이다. 현재 대학졸업생의 첫째 희망사항도 대도시의 대기업취업이다. 도농(都農)간, 수도권과 지방간의 경제격차는 심각하다. 또한 지식사회가 급속히 도래하면서 지식기업이 산업기업을 잠식하고 있다. 지식기업인 구글과 마이크로소프트가 거대산업기업인 모토롤러와 노키아를 인수 합병했다. 지식상품 아바타 한편이 우리의 산업대표상품인 소나타 3백만대 수출이익과 맞먹는다. 이제 산업국가인 한국이 지식국가에 서서히 잠식될 차례이다. 이런 상황에서 어떻게 일자리 문제가 해결될 수 있을까?

지식사회 특징은 사람과 지식재산간의 네트워크 협동, 지식재산형 창업, 지방분산화이다. 생태계에서 비유하면 산업경제는 공룡의 거대(생물)생태계이지만 지식경제는 미생물생태계이기 때문에 지역과 시대적 환경변화에 재빨리 적응할 수 있다. 핀란드의 정부는 공룡기업 노키아 몰락 후 지식재산을 활용한 전문기업 창업, 철저한 지방분산화를 추구하며 수많은 지방 창조마을 벤처를 집중 육성했고 그 결과 핀란드는 월등히 강인한 미생물 생태계의 지식국가가 되었다. 우리도 이제 다양한 산업미생물 생태계의 수많은 일자리를 창출해야 한다.

이를 위해 지역의 지식재산 특성을 살려 가령 부산은 해양창조, 광주는 문화창조, 대구는 교육창조, 춘천은 환경창조, 그리고 대전은 과학창조마을 수도등으로 육성해야한다. 우리국민 특히 정치지도자가 지식사회의 역사풍향을 정확히 이해하고 지식재산을 철저히 파악하여 활용해야 한다. 머리에서 생산되는 과학, 문화, 해양, 환경 등 수많은 지식재산이 보이지 않을 뿐이지 우리 주변에 깔려있다. 이것을 철저히 발굴, 활용하면 재산이고 버려두면 쓰레기다.

지식쓰레기라도 청년층의 도전성과 창의성을 활용하여 발굴 및 개발하고 실버층의 경륜과 지혜로 시장성 있는 브랜드로 상품기획을 하고 이를 바탕으로 장년층의 효율적 관리능력과 경험을 살려 벤처 사업화하게 되면 3계층의 일자리문제가 동시에 해결되는 소위 창조마을이 형성된다. 또한 한국은 창조마을 생태계의 강한 지식국가가 될 수 있다.

이를 위해 정부는 3가지 몫이 있다

첫째, 미생물 독자생존을 위해 에너지 공급과 자립이 가능해야 한다. 10MW형 소형 모듈 원자력 발전시설이 필수다. 또 우리가 보유한 폐기물 및 바이오매스 효율성 관련 세계최고 특허기술인 신 재생 에너지시설의 확대 보급이다.

둘째 지식재산을 발굴, 개발, 활용 능력을 키워주기 위해 다양한 콘텐츠의 클라우드(CLOUD)방식의 교육활성화이다.

셋째, 특히 정부가 사람과 지식재산간의 협동, 지식재산형 창업, 지방분산화의 창조마을 운동을 국민정신운동으로 전개해야 한다.

최근 인도네시아 상원의원 세분이 방한하여 창조마을운동의 즉각적인 인도네시아 도입을 제안했다. 또한 아시아개발은행(ADB)은 12조원 지원 프로그램에 대한 투자의견을 제시했다. 만약 창조마을운동이 동남아 등으로 수출되면 자연히 우리 전문 소기업과 인력도 함께 수출되고 해외에도 일자리가 마련될 것이다.

성웅 이순신 장군이 절대 우세한 왜적을 물리친 것처럼 우리 정부도 창조마을운동으로 산업국가형 강한 세력을 물리치고, 청년, 장년, 실버층 일자리를 마련하는 지식형 창조마을 국가를 만들어야 한다.

청년일자리를 획기적으로 만들게 될 새복지마을

청년일자리를 획기적으로 만들게 될 "4차산업혁명의 새복지마을운동"을 활성화하자.

A, 새마을운동과 새복지마을운동의 차이점은?

새마을운동은, 농업사회와 산업사회 초기에, 근면 자조 협동을 바탕으로 잘 살 수 있는 새마을을 만들자는 소위 국민정신 운동이다. 새복지마을운동은 정보화 사회와 지식사회에서 디지털세대인 청년들이, 시공을 초월하는 4차산업혁명기술을 활용하여, 낙후된 지방 농어촌에서 실리콘밸리처럼 창업을 하고, 이들 청년들이 창업기업을 바탕으로 복지를 창조하여 그 마을을 소위 "새복지마을"로 만드는 국민 정신운동이다.

B. 국가발전의 발목을 잡는, 우리의 풍토병들!

1. 노령화사회추세! 치매전쟁의 장기적 악화와 전쟁비용의 급속증가추세

2. 청년실업확대와 실업 휴직비용의 지속적 증가

3. 재난사고와 사후처리비용의 규모 확대

4. 에너지정책이 창조 개발에서 안전 규제기조로 전환하면서, 에너지가격의 지속적 상승

5. 자율과 창의성보다 공공의 의무와 규제 강화로 시장경제의 국제경쟁력 약화

C. 이를 극복하기위한 4차산업혁명과 국가개혁의 기본방향은?

1. 테니스, 골프, 게임, K팝 등 젊은이들의 세계제패 능력이 국가발전 주축세력이 될 수 있도록, 국가발전의 기조를 대전환해야 한다.

2. 젊은 창조적 능력이 IoT, Bigdata, Cloud, AI등 시간과 공간을 초월하는 4차산업혁명기술을 활용하여, 어촌 농촌 시골 등 낙후지역을 실리콘벨리처럼 창조 창업의 산실이 될 수 있도록 국가 산업 경제정책 기조를 바꾸어야한다.

3. 시골 고향지역에서 노령인구의 경험과 경륜을 활용하여, 4차산업혁명의 가족적 창조창업을 성공시켜, 그 지역의 노인복지를 청년창업자가 끌어안고 또한 뒷받침할 수 있는, 소위 "새 복지 마을 운동"을 활성화시킨다.

D. 4차산업혁명의 새복지마을운동을 성공시키기 위해서, 정부의 역할은?

1. 지방자치행정을 중심으로 새마을운동을 시대변화에 맞게 변화 발전시킨다는 역사적 의미를 강조하고, 새마을운동 지역유지들의 납득 그리고 능동적 협조를 유도해야한다.

2. 새복지마을 운동의 청년지도자 양성과정을 지방자치기관과 대학창업 동아리에 만들고, 창업 지원차원에서, 실적평가에 따라 차등 지원한다.

3. 젊은이들이 창업선진국들을 순방하면서 창업교류를 할 수 있도록, 창업 크루즈선박을 국가가 운영 지원한다.

4. 과거 무역진흥확대회의를 청와대에서 대통령이 주제했던 것처럼, 주기적으로 대통령 주제 하에, 새복지마을의 창업진흥확대회의를 열어, 창업관련 법률과 정책을 정부가 신속히 처리 지원한다.

E. 4차산업혁명의 새복지마을 운동을 발전시키면, 국가에 어떤 변화가 일어날 수 있을까

1. 오늘의 국가적 최대과제인 청년 일자리 문제가 원천적으로 해결된다.

2. 국가경제 체질이 노령화로부터 청장년화로 바뀌고, 국가경쟁력이 강화된다.

3. 정부가 복지를 제공하는 국가로부터, 청년들 복지를 창조하고, 제공하는 자조 자생 복지국가로 탈바꿈하게 된다.

4. 에너지의 생산, 유통, 소비가 지역별로 전문화, 다변화, 자립화로 발전하면서, 에너지가격의 저렴화 자립화 안정화가 된다.

5. 교육 문화 환경이 도시지역보다 선진화되면서, 전국토의 균형발전이 일어나게 된다.

6. 4차산업혁명의 새복지마을운동이 국내적으로 정착되면, 많은 개도국들에게 4차산업혁명의 국가발전모델이 될 것이고, 결국 강남스타일이상으로 외국 젊은이들에게 한국스타일의 새로운 유행이 일어날 것이다.

결론은 4차산업혁명의 새복지마을 운동이 오늘의 한국적 풍토병을 퇴치하고, 대한민국을 세계 최선진 4차산업혁명국가로 자리매김하게 될 것이다.

혁명적인 일자리 창출과 Crowd Funding

바야흐로 청년 100만 실업사태를 맞고 있는 한 해이다. 세계 경제도 불황의 늪으로 가고 있고, 우리나라도 일본처럼 '잃어버린 20년'의 경제 불황의 시대로 가고 있다. 이런 시점에 과학자와 정치인의 나로서 어떻게 하면 이런 위기 상황과 청년 일자리 창출을 할 수 있는지 고민하게 되었다.

이런 위기 상황과 청년 일자리 창출을 타계하기 위해 청년들이 직접 일자리 창출을 할 수 있게 기회를 마련 할 수 있는 기회의 장을 마련하자는 것이다. 제도 금융권의 소극적인 자세와 대출의 강한 규제를 통해서는 이런 기회의 장을 마련하기 어렵다고 봅니다.

기업체나 공공기관이 청년 일자리를 창출하기에 한계가 있고, 우리나라의 근간인 중소기업도 같은 어려움에 처해 있다. 이에 제도 금융권 및 대기업 유보금을 어떤 식으로 청년 일자리 창출과 벤처 신화를 다시 만들 수 있게 국가 차원의 해결책을 마련해야 하는 상황에 직면하게 되었다.

이에 제도권 금융 자금을 직접 일자리 창출 및 스타업 기업에 기회를 주기 위해 "crowd funding"를 활성화해서 이런 어려움을 해결해야 한다고 봅니다. "crowd funding"은 일반 도시 청년 및 스타트 업 기업에만 국한된 것이 아니라, 농촌, 일반 마을을 중심으로 마을 crowd funding를 중심으로 마을 청년들과 농어촌 스타트 업 기업이 기술 창업하게 도와주는 역할도 할 수 있는 것이다.

crowd funding에 대해서 많이 알려진 내용이지만, 간혹 소액 대출이나 햇살론 같은 대출, 대부의 개념으로 보시는 분이 있기에 crowd funding에 대해서 정리해 보겠습니다.

crowd funding은 "대중으로부터 자금을 모은다"는 뜻으로 소셜미디어나 인터넷 등의 매체를 활용해 자금을 모으는 투자 방식입니다. 군중 또는 다수를 의미하는 크라우드(crowd)와 자금조달을 뜻하는 펀딩(funding)이 합쳐진

용어로, 불특정 다수로부터 자금을 조달하는 것을 의미합니다. 소셜 커머스의 보상체계를 합친 형태라고도 하여 소셜 펀딩(social funding)이라도 합니다. crowd funding은 일반적으로 창의적인 아이디어나 사업계획을 갖고 있는 기업가 등이 중개업체(펀딩업체)를 통해 온라인으로 아이디어나 사업계획을 제시하여 이에 공감하는 다수의 소액투자자로부터 사업자금 등을 조달하는 방식을 의미합니다.

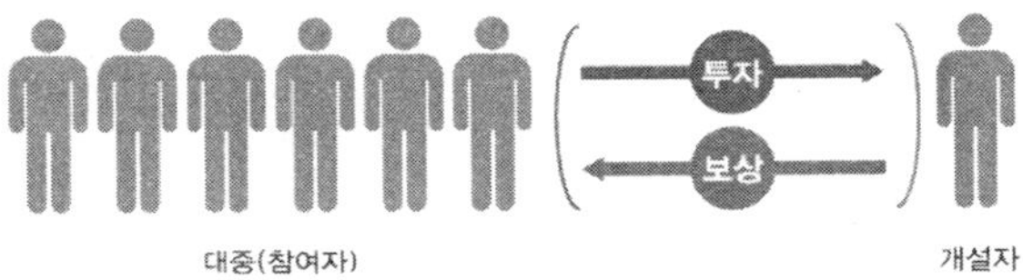

[그림] 클라우드 펀딩의 정의

(출처: 크라우드산업연구소)

초창기 crowd funding은 비투자형(후원, 기부형)이었고, 현재도 비투자형이 crowd funding의 다수를 차지하고 있으나, 이후 이익을 얻기 위한 투자의 수단으로 점점 발전하고 있다.

이후 사인간의 대출이라는 형태(대출형)가 가장 먼저 나타났으며 다음으로 증권을 매개로 한 증권형 crowd funding이 출현할 것이다.

크라우드펀딩의 유형

유 형	자금모집방식	보상방식	주요사례
기부.후원형	기부금 · 후원금 납입	무상 또는 비금전적 보상	문화.예술.복지 분야 시제품 판매 등
대출형	대출계약 참가*	금전적보상 (이자)	긴급자금 등이 필요한 개인, 사업자 등
증권형 (투자형)	**증권(주식 등) 투자**	**금전적보상 (지분, 배당 등)**	**창업초기 기업 등**

* 대출형 : 투자계약증권으로 보는 견해도 있음

[표] 크라우드펀딩의 유형

(출처 : 과학기술&ICT 정책기술동향-52호(2015-08-24)-개정 [자본시장법] 분석 및 시사점 등(한국정보통신진흥협회), 2015-08-24)

crowd funding 제도 도입의 입법, 정책적 기대효과 및 시사점을 정리한다면,

1. 경제 활성화 및 청년 일자리 창출, 확대에의 기여
   - crowd funding 제도의 법제화에 따라 신생, 창업기업이 우수한 아이디어만으로 자금을 조달 할 수 있게 됨으로써 창업 및 사업화 기회가 크게 확대, 경제 활성화 및 청년층 일자리 확대에 기여
2. 크라우드 펀딩 플랫폼 구축
   - 혁신적 아이디어를 보유한 기업이 십시일반으로 자금을 모집하고, 이익을 투자자와 분배하는 선순환 구조, 혁신센터를 통해 크라우드 펀딩 지원 플랫폼을 마련하는 것이 필요
3. 자금조달 관련 제도 개선
   - 증권신고서 제출의무 면제를 통한 창업기업 부담 완화 및 원활한 자금모집 도모
   - 온라인소액투자 중개업자 진입규제 완화 : 등록제
   - 펀딩포털을 통한 발행인과 투자자간 직접의사 소통 이루어짐

이런 crowd funding 제도 도입의 입법, 정책적 기대효과 및 시사점을 통해서 비 제도권 금융권과 제도권 금융권이 여유 자금을 통해서 스타트업 창업, 농어촌 일자리 창업, 청년층 창업에 도움을 줄 것이다. 우리나라에 다시한번 "제2의 한강의 기적"의 붐이 조성되어 제2의 경제발전과 선진국 대열에 진입할 것입니다.

구체적인 사업 모델과 예시로는 "농협 중앙회 및 농협조합"의 crowd funding 사업이다.

농협 중앙회 및 지역농협 939개, 지역축협 116개, 품목농협 45개, 인삼협 11개 소속 2,752천명 농협인 대상으로 crowd funding 사업을 진행한다면, 농어촌 스타트업 창업과 각 지역 창조경제혁신센터와 연계해서 청년 창업에 도움을 줄 수 있는 좋은 사업이 될 것이다.

그리고 농협 중앙회 및 농협조합원들에게 좋은 투자(crowd funding 중 대출형 및 증권형(투자형))에 대한 기회가 될 것으로 본다.

청년 일자리 창출이라는 명분과 "농협"의 입장에서는 사회형 기업으로의 재

탄생의 신호탄이라고 본다. 재도권 금융권의 선두인 "농협"이 crowd funding의 선두 사업 진행 따른 선두 금융권의 지위를 얻는 기회이기도 하다.

오늘날 대한민국에 미래의 꿈과 희망이 실종된 상태나 마찬가지다. 우리 경제의 꿈과 청년 일자리 창출의 열망조차 사라지고 있다. 이 같은 상황에서 탈출하고, 이겨 나가려면, 우리도 미국이나 다른 선진국처럼 비 제도권 금융권 및 제도권 금융권의 혁명적인 발상이 절실하다. 이에 crowd funding을 통한 모든 금융권이 청년 일자리 및 청년 창업에 탈출구를 마련할 씨앗을 제공한다면, 우리나라의 청년들에게 결코 절망적인 "88세대"니 "삼포세대"라는 용어를 더 이상 주어지지 않는 세상으로 만들 것이다. 그럼 대안으로 crowd funding의 활성화를 통한 내일의 대한민국 미래의 꿈과 열망을 살려야 한다.

차세대국가주도사업(바이오)
미래변화의 대응전략

21세기 바이러스 전쟁과 첨단 바이오산업

베이징올림픽 전년도에 과학올림픽 차원의 인류건강 학술 심포지움이 열렸다. 56개국으로부터 참여한 논문 중에서 3편의 논문을 뽑아 이 행사의 축사와 격려사를 대신하게 했다. 운 좋게 필자가 제출한 제3차 세계대전은 '21세기 인간과 바이러스전쟁'이 3편중에 하나로 채택되어 개막식 행사에서 발표하는 행운을 가졌다.

발표 도입부에는 인간과 맹독성 바이러스간의 전쟁을 다룬 영화인 더스틴 호프만 주연의 '아웃브레이크 (1998)' 핵심장면을 10분 정도로 압축·상영했다. 그리고 왜 인간과 바이러스와의 전쟁이 숙명적이고 불가피한가 하는 문제에 대한 풀이가 발표의 핵심내용이었다. 첫째, 지구는 봄 · 여름 · 가을 · 겨울이란 감정표현을 하고, 자전하면서 운동하고, 공전하면서 일하러 다니는 거대생물이다. 둘째, 이 같은 거대생물인 지구에 인간이란 바이러스가 서식하면서 기름, 가스, 광물자원 등을 바이러스성 드라큐라처럼 집요하게 뽑아내기 때문에 드디어 지구생물이 몸살을 앓기 시작했다는 점이다. 셋째, 지구생물이 병들기 시작하면 인체처럼 먼저 몸에 미열이 나게 마련인데 이것이 바로 '지구 온난화'라는 병적 현상이고, 따라서 이 병적 현상을 고쳐서 정상화시키겠다는 반작용 즉, 병의 원인인 인간을 공격하며 제거하겠다는 것이 작용-반작용으로 형성되는 자연의 법칙이다. 때문에 인간과 바이러스와의 전쟁은 작용-반작용의 숙명적 충돌인 셈이다. 역사적으로 보면, 1918년에 발병하여 전 세계적으로 5,000만 명을 사망시킨 스페인독감, 아직까지도 완치가 불가능한 에이즈, 최근의 사스, 홍콩독감, 신종플루와 구제역 등, 결국 세계 3차 대전은 인간과 바이러스와의 전쟁으로 확대되고 있다. 그동안 필자가 이 같은 21세기 바이러스전쟁의 숙명적 당위론을 각종 국제보건 심포지움에서 발표하였더니, 2009년 3월에 인류 건강 보건을 위한 공로를 인정받아 미국에서 아시아인 최초로 '드와이트 디. 아이젠하워 피트니스 어워드 (Dwight D. Eisenhower Fitness Aw ard)'란 상을 받기도 했다.

그렇다면, 바이러스 공격에 대한 인간의 대응전략은 무엇인가? 우선, 지구환경의 정상화 문제이다. 지금 우리가 추진하고 있는 녹색환경운동도 이런 차원의 문제를 해결하기 위한 노력이다. 그러나 이 문제는 상당한 시간이 걸리기에, 전쟁을 위한 절박한 현실적 대응전략은 되지 못한다. 무엇보다 현실적 대응전략을 위해서는 전투력 즉, 인체의 항바이러스 면역력을 강화하기 위한 운동처방, 영양처방이 필수적이고, 그 다음으로는 항바이러스 무기개발이다. 이 부분이 바이러스와의 전쟁에서 승리하기 위한 가장 결정적 핵심이다.

그렇다면 결정적 항바이러스 무기개발을 위한 방위산업은 어떤 산업이어야 하는가? 바이러스는 선천적으로 변이(變異)를 애용하는 게릴라전의 명수이다. 따라서 백신 등 의약품 이라는 무기생산도 다양한 기습적 공격에 대응할 수 있는 다양한 무기 즉, 신약개발과 생산이 필수적이다. 그러므로 바이오산업은 세계 3차 대전의 핵심방위산업이 될 수밖에 없다. 특히 우리와 처지가 비슷한 스위스가 제약 등 바이오산업을 국가기간산업으로 육성하는 전략은 바로 우리 국가전략이 될 수 있다. 지난 신종플루 전쟁에서 스위스의 로슈 제약회사는 '타미플루'로 인류건강보호는 물론 부도직전 돈방석에 앉는 이윤을 창출했다. 최근 우리 바이오산업은 위기를 맞고 있다. 따라서 바이오기술·정밀화학·정밀전자 등을 포괄하는 첨단 바이오산업을 성장 동력산업으로 육성함으로써 오히려 바이오산업의 글로벌화 기반으로 활용할 수 있지 않을까.

한 번 더 요약하면, 우리 국민과 정부는 무엇보다 바이러스전쟁의 본질을 정확히 이해하고 국가적 전략과 국민의 항바이러스 전투력을 강화해야 한다. 특히 우리 정부는 바이오산업을 방위산업과 국가성장 동력산업으로 육성하기 위한 새로운 국가정책을 수립해야 할 때다. 이렇게 함으로써 우리는 바이러스 전쟁의 위기를 바이오산업발전의 위대한 기회로 활용하자.

4차 산업혁명과 지식국가발전 전략

오늘날 대한민국의 고민은, 기업, 서민, 청년들의 현재와 미래가 암담하다는 사실이다. 때문에 대선 후보들이 한결같이 4차 산업혁명으로 나라를 바로 잡겠다는 의지를 밝혔다. 과연 4차 산업혁명은 무엇을 의미하는가? 2016년1월 정치인, 기업인, 경제학자, 과학자 등 2000여 명이 참석한 다보스 포럼에서 처음으로 4차 산업혁명이 언급되었다. 3차 산업혁명을 기반으로 디지털과 물리학, 바이오 등이 융합하여 창출하는 지식혁명을 4차 산업혁명이라고 칭했다. Industry 4.0과 관련하여 IoT, AI, Big Data, Cloud 등을 검색하면, 그 검색 빈도가 천문학적이다. 즉 이들을 활용하여 수많은 지식재산들이 소통 · 협력 · 융합을 거쳐서, 새로운 고부가가치 지식재산들이 신생아처럼 탄생하게 된다. 그러면 이를 통해 선진국들이 얻고 있는 발전성과는 무엇인가? EU는 5600만개의 일자리와 고용의 35%, GDP의 40%가, 미국은 4500만개 일자리, 고용의30%, GDP의 38%가 만들어 졌다고 한다. 이는 오로지 Industry4.0을 통한 수많은 지식재산들이 소통 · 융합해서, 새로운 지식집약산업이 탄생한 결과라 한다. 이 부분이 우리에게는 절실하다.

역사의 변화에 편승하면 선진국이 되고, 외면하거나 역행하면 후진국으로 탈락하는 것이 역사적 진실이다. 최근 세계경제와 정치가 요동치는 것은 3차 산업사회에서 4차 산업사회로 급변하는 역사의 길목에 인류세계가 놓여있기 때문이다. 따라서 선진국들은 거대한 역사변화에 편승하기 위해, 국가형태는 지식국가로, 국가경제는 지식경제로 개혁하고 있다. 이를 위한 성공전략이 4차 산업혁명과 더불어 AI, IoT, Big Data, Cloud 등의 효과적 활용이다.

우리 현실은 선진국보다 더욱 절박하다. 하지만 국가사회를 엄밀히 진단해 보면, 국가체질은 4차 산업혁명의 수용체질이 아니다. 그러면 4차 산업혁명 체질로 바꾸기 위해서는, 국가의 어떤 부분이 개혁되어야 하는가? 첫째, 초고속, 초대용량, 초광대역의 소통과 융합이 가능한 위성통신체계가 구축되어 4차

산업혁명의 고속도로가 되어야 한다. 둘째, 지식영토 즉 두뇌영토가 확장되어야 한다. 따라서 육아정책은 두뇌영토 확장차원에서 획기적인 출산장려 정책이 필요하다. 더불어, 풍부한 창의력을 갖도록 두뇌를 개발해야 한다. 아기가 태어날 때는 체중은 4kg 미만 정도지만, 두뇌중량은 어른의 60% 이상을 이미 가지고 태어난다. 스세딕 태교영재를 개발한 스세딕 부부의 경우는 임신 10개월 간 태교를 실시한 결과, 아기들이 IQ160 이상 영재로 태어났다고 한다. 우리정부도 임산부의 영재태교를 여성병원에서 실시하도록 제도화해야한다. 셋째, 교육 특히 대학교육은 암기중심의 중간·기말고사를 폐기하고, 학생들의 창의력을 바탕으로 각종 창업, 연구동아리 등을 만들어 IoT, Big Data, Cloud등을 이용해 전문창업을 할 수 있도록 유도해야한다. 즉 대학이 4차 산업혁명의 산실이 되어야 한다. 넷째, 역사적으로 "强軍이 强國"이라한다. 이를 위해 軍편제도 지식사회에 걸맞게 On-Line과 Off-Line 체제로 양분하고, Off-Line편제는 현행의 육·해·공군편제로, On-Line은 전자軍편제를 도입해야 한다. 즉 IT, BT 등 전문분야별 편제를 만들어 전문연구소에서 군복무를 하도록 해야 한다. 정부는 이들의 연구개발 성과에 따라 조기전역 뿐만 아니라 전문창업을 지원함으로써 국방과 산업기술이 동시에 발전되도록 해야 한다. 다섯째, 오늘의 산업 사회적 정부구조는 4차 산업혁명의 걸림돌이 될 수밖에 없다. 감시, 감독, 관리형태의 몸통형 관리 정부구조에서 격려, 칭찬, 포상 형태의 두뇌개발형 정부구조로 바뀌어야 한다. 이에 따라, 정보통신부와 과학기술부를 부활·강화하고, 특히 지식재산부를 신설해서 각 부처가 지식재산 집약전문기업을 출산 할 수 있도록 행정적 뒷받침을 해야 한다.

결론적으로, 오늘의 국가적 고민과 고뇌가 "4차 산업혁명과 지식국가 발전"이라는 출산의 진통이 되도록 하자.

마이크로바이옴 산업은 우리의 생존산업이다

최근에 마이크로바이옴이라는 새로운 생명공학 전문분야가 급속히 성장하고 있다. 마이크로바이옴은 수많은 미생물과 수많은 생태계가, 결합, 융합, 조화를 창조적으로 만들면서, 새로운 생명체와 진화된 생태계를 수많이 만들어 가는 분야이다. 그 주인공은 바로 미생물이다. 유사한 토양이라도, 어느 사과밭의 사과는 알이 작기도 하고, 또 며칠만 지나면 시들해지는데, 어느 사과밭의 사과는, 한 달이 지나도 싱싱하고 그 사과알도 큼직했다. 그 이유가 무엇일까. 토양을 분석해보니, 작은 사과밭의 토양에는 각종 미생물 수와 양이 적었고, 큰 사과밭의 토양에는 각종 미생물이 엄청 와글와글했다고 한다. 결국 사과밭 토양 안의 미생물 종류와 양에 따라, 사과의 품질과 크기가 결정된다는 사실이 밝혀졌다. 지구 물리학자들은 25억년전 지구가 방사능 독가스로 뒤덮인 병든 지구였는데, 오늘의 비옥한 녹색건강지구를 만든 주치의가, 바로 지구 생명체 총중량의 무려 63%를 차지하는 복합미생물들이었다고 한다. 그런데 사람의 몸도 마찬가지인 셈이다. 일반적으로 세포수가 10조면 우리 몸 안에 있는 각종 미생물수는 무려 30조라고 한다. 그러니까 우리 몸이라는 생명체의 주인공은, 우리 몸 안의 세포가 아니라, 우리 몸 안의 미생물인 셈이다. 미생물이 생명활력의 주인공인 것이다. 그래서 요즘은 '자연치유법', '효소요법', '복합발효미생물요법' 등 새로운 용어가 등장하기 시작했는데, 공통분모는 각종 미생물이다. 미생물들은, 호기성, 혐기성, 통기성의 미생물이, 유전자적 태생으로 분류되기도 하고, 일면에서는, 인간의 협조적 우군과 저항적 반군으로, 감성적 태생의 분류가 될 수 있다. 한반도 미생물은 충만한 생명에너지와 4계절의 다양성 때문에, 매우 건강한 강골미생물들과 다양한 미생물 종류가 공존한다. 또한 미생물은 인간처럼 각각 다른 성격과 전공을 가지고 있기에, 미생물 전체수와 종류는, 사람의 평균 30배 이상이라고 한다. 특히 미생물이 원소를 다른 원소로 바꾸는 "원소변환의 초능력"을 가지고 있다는 사실이 최근 밝혀졌다. 이 같은 미생물의 초능력을 뒷받침 하는 가설이 있다. 원자내의 양자는 호기성 미생물이, 전자는 혐기성 미생물, 그리고 중성자는 통기성 미생물이, 양자, 전자, 중성자의 에너지를 선택적으로 이용하기 때문이라고 한다. 때문에 미생물이 지구 생명체의 지배자, 산모, 주치의가 될 수도 있다는 가설이 가능하다. 핵심은, 지구라는 거대생명체의 중병도, 미생물이 주치의로서 치료했기 때문에, 결국 인간의 고질적 질병도 미생물이 치료할 수 있다는 점이다. 따라서 수많은 미생물에 해당되는 "마이크로"와 수많은 생명체의 생태계에 해당되는 "바이옴"이 순열 조합식으로 융합하는 "마이크로바이옴" 분야는, 새로운 생명창조 영역의 생명공학 분야로 급속히 각광받게 될 것이다.

우리나라는 전 국토의 토양이, 생명에너지가 넘치는 각종 미생물로 충만되어 있기 때문에, 세계에서 가장 우수한 약효의 약초 재배지가 될 수 있다. 우리나라는 대륙의 양기와 해양의 음기가, 음양으로 융합하는 곳이기 때문에, 각종 생명에너지가 충만되어 있다. 일례로, 산삼이 우리나라에서만 생육되는 것이 아니라, 바이칼호 지역 등 수많은 비옥한 지역에서도 생산되지만, 중국황실에서는 오로지 고려 산삼을 가장 선호했다고 한다. 이유는, 생명에너지가 충만된 미생물들의 토양 때문에 그 약효가 가장 우수했기 때문이다. 특히 우리가 주목해야 할 분야는, 다름 아닌 농업분야이다. 사람의 몸에 쓰는 약 중에는, 상약, 중약, 하약이 있다. 상약은 부작용이 없고 약작용만 있고, 중약은 약작용과 부작용이 반반이고, 하약은 부작용만의 독약이라고 한다. 인간 건강 지킴이로 가장 중요한 상약이 바로 음식물이라는 점이다. 앞으로 우리나라에서 나오는 식품이 최고 상약이기에, 인류보건을 위해, 홍익인간정신으로 전인류에게 우리식품을 상약으로 배달해야하는 배달민족이 될 수밖에 없다. 때문에 우리나라의 바이오 농업의 고속도로를 달리게 될 것이다. 따라서 일반적 식품들은, 우리가 몽땅 수입하더라도, 농가 소득의 증대 등을 위해서라면 우리 땅, 금싸라기 같은 이 땅에서 상약을 만드는 것이 우리가 가야할 길이다. 앞으로는 우리주력산업인 바이오산업의 육성차원에서, 마이크로바이옴 농업을, 새로운 첨단 생명공학농업으로 발전시켜야 한다. 일본의 전자반도체는 우리가 따라가기 어렵고 또 중화학, 중공업은 중국을 따라가기가 어렵다. 그런 점에서 바이오산업은 노령화 사회와 지구환경 황폐화를 막을 수 있다는 점에서, 돈뭉치가 되는 산업이 될 것이다. 독일과 프랑스에 끼여 있는 스위스, 일본과 중국 사이에 끼여 있는 한국, 이 두 나라의 입장이 같다. 그런데 스위스를 보면, 로슈 등 바이오산업이 주력 업종이다. 바이러스와 인간이 앞으로 제3차 세계전쟁을 하게 될 때도, 이길 수 있는 방법은, 오로지 미생물 활용뿐이다. 스위스의 로슈가 부도직전에서, 조류독감 바이러스를 억제하는 타미플루라는 약을 만들어서, 돈방석에 앉은 사례가 있다. 우리도 이런 점에서 앞으로 부작용이 없는 항바이러스제, 치매예방 치료제, 항암제등을 다양한 미생물활용으로 개발하여, 식품인 상약으로 공급해야 한다. 이것이 바로 우리가 지향해야 할 마이크로 바이옴 농업이다. 지구 자전 방향으로 이동하는 지구운세가, 그리스, 로마, 스페인 포르투갈, 영국, 미국를 거쳐서 동북아로 몰려오고 있다. 이 역사적 대운을 업고, 동북아의 중심인 한국이, 마이크로 바이옴 농업혁명의 중심이 되어, 홍익인간정신으로 인류보건에 기여해야한다.

바이오산업을 국가주력산업으로

최근 한일 간의 산업기술 갈등과 경제적 고뇌를 경험하면서, 이를 계기로, 독보적 경쟁력을 갖춘 우리주력산업을 개발해야한다. 그런 점에서, 일본과 중국, 두 경제 강국 틈새의 한국은, 어떤 산업이 독보적일까? 독일과 프랑스 틈새의 스위스, 그리고 북구 강국 틈새의 덴마크, 이두나라는 우리와 유사한 입장이다. 특히 스위스의 로슈, 덴마크의 노보 노디스크는 세계적 제약기업으로서, 이를 바탕으로 두강소국은 독보적 바이오산업경쟁력을 가지고 있다. 한국 바이오산업의 잠재적 경쟁력은 어떠한가? 첫째 한반도는 대륙양기와 해양음기가 융합하기 때문에, 토양에 생명에너지가 넘치고 또한 4계절의 기후다양성으로 약용 동식물의 종이 다양하다. 따라서 바이오산업의 주원료인 천연물의 일등급원료 공급이 가능하다. 둘째 인력자원은 K팝, 방탄소년단 같은 개성적 다양성과 감성적 창의성이 뛰어나다. 최근 바이오산업계에서, 한미약품은 기술수출 계약 6건 중 4건이 해지되었고, 삼성바이오는 분식회계 사건에 휘말렸고, 코오롱생명의 '인보사'는 허가 취소를 당했다. 에이치엘비의 위암치료약은 임상에 실패했고, 신라젠의 면역항암제는 임상3상에서 중단되었다.

위의 5가지 불행한 악재들로 인해, 지금은 바이오산업에 대한 기대가 크게 훼손된 상태이다. 그러나 성수대교참사가 최장의 남해대교를, 삼풍백화점 붕괴가 잠실롯데 초고층빌딩 건설의 발판이 되었듯이, 불행한 악재들도 바이오산업의 촉진제가 될 수 있다. 2016년, 전문가 보고서에 따르면, 최종신약으로 탄생할 확률은 불과 9.7% 수준! 어느 산업의 신제품 성공확률보다 낮다. 또한 임상비용은 평균 1천억원에서 1천 5백억원이 소요된다. 그러나 좋은 신약이 개발되었을 때, 그 경제적 가치는 분명히 천문학적이다. 부도직전의 스위스 제약회사 "로슈"는, 조류독감의 타미플루를 독점 공급함으로서, 스위스경제를 바꾸는, 떼돈의 돈방석에 앉았다. 임상에 들어가기까지의 수많은 R&D 속의 Risk&Danger 즉 모험과 위험을 극복했다는 점은 높이 평가될 부분이다. 또, 우

리의 경직된 국민건강보험제도에 얽매인 의료보건관련법규, 조세법, 관련행정들은 징벌적 규제성격이 강하다. 그 속에서도 그만한 성과는 희망적 징조가 될 수 있다. 바이오산업이 다양한 미생물자원과 해양생물자원 영역으로 진입하게 되면, 거대산업이 될 수 있다. 최근 "복합미생물에 의한 핵폐기물 자연화처리"가 일부 성공했고, 이와 함께 미생물들이 원소변환을 일으킬 수 있다는 실험사례도 발표되었다. 미생물의 초능력은, 거대한 폐기물산업을 가능하게 만들 것이다. 더욱이 세계3차대전은 "좀비" 관련 영화처럼, 인간과 바이러스간의 소위 "바이러스전쟁"이 될 것이라고 한다. 항 바이러스제 개발은, 바이오산업의 거대시장이 될 수 있다.

어떻게 하면 가장 단기간에 바이오산업을 우리주력산업으로 육성할 수 있을까? 핵심은 우수연구인력, 우수경영인 기용이다. 방탄소년단이나 최우수여성골프선수들의 오늘은, 정부규제와 간섭이 없었기 때문이다. 제약업계의 최우수인력이 겪는 불행한 사례를 소개하고자한다. 약학전공, 뛰어난 연구경력, 국가과학기술상 수상의 우수연구자가 경영자로 발탁되면서, 다국적기업과의 치열한 시장경쟁과 준관행적 위법영업에 휘말리게 되고, 이로 인해 130억 벌금과 형집행유예가 확정되어, 인생파탄의 고통을 겪고 있다. 더불어 열악한 경영환경 속에서, 업계의 관행적 과실로, 옥고를 치르고 있는 우수경영자들도 있다. 이들의 공통점은, 열심히 접시를 닦다가, 과실로 접시를 깬 분들이다. 선진국들은 이분들을 더욱 우대하는데 우리는 규제 법규로, 오히려 우수인력들을 매장하고 있다. 이 같은 우수연구인력과 경영인력들을 장발장처럼 국경일에 특별사면하면, 바이오산업에 활력소가 되고, 또한 최우수 경력선수 확보도 가능하다. 바이오산업은 고부가가치 산업이기에, 연구개발비를 투자할 수 있는 보험약가의 조정이 시급하다. 오늘은 우수인력확보와 창의적 경영을 적법하게 하게 한다는 것이 어렵다. 결론적으로 바이오산업육성은 제갈공명같은 획기적 발상과 정책전환을 할 때, 가능한 일이다.

'바이오 테러 방지법' 제정 고려할 때다

인구 과밀해 바이러스 공격에 취약
노약자 위한 백신 개발도 서둘러야

중국발(發) 신종 코로나바이러스 감염증(우한 폐렴) 사태가 심각한 상황이다. 시진핑 중국 국가주석은 우한 폐렴에 대한 국가 대응 수준을 흑사병·콜레라급의 최고 수준인 '갑류'로 지정했다. 세계보건기구(WHO)는 30일(현지시간) '국제적 공중보건 비상사태(PHEIC)'를 선포했다. 한국도 인구가 과밀하기 때문에 초특급 대응책을 마련해야 한다.

바이러스 공격은 국지전 형태의 박테리아 공격과는 달리 전후방이 없는 '정보 게릴라전' 양상을 띤다. 흑사병은 14세기 유럽 주요 도시의 인구 절반을 사망케 했고, 금세기 5000만 명의 사망자를 낸 1918년 스페인독감 등 바이러스 공격은 모두 인구 밀집 지역을 중심으로 동시다발적으로 빠르게 확산됐다는 공통점이 있다. 구제역, 홍콩독감, 사스(중증급성호흡기증후군), 조류인플루엔자(AI) 등 '바이러스의 게릴라 전쟁'은 인구 과밀 지역을 중심으로 대재앙으로 확대될 소지를 안고 있다.

어느 지구생태학자는 "지구는 봄·여름·가을·겨울의 감정 표현을 하고, 자전과 공전이라는 운동을 하는 거대 생물"이라고 정의했다. 사람이 병들면 백혈구 등 면역력이 작용하는 것처럼 지구도 병들면 주범인 인간을 공격하는 지구면역체의 각종 바이러스가 출현하게 된다는 것이다. 특히 우리 정부는 탈(脫)원전 정책을 고수하고 있기 때문에 선진국들에 비해 미세먼지와 지구온난화의 발생 정도가 훨씬 높을 수밖에 없다. 미세먼지와 지구온난화는 우리 몸의 면역력을 약화시키는 반면 바이러스는 독성 바이러스로 변이시킬 수 있기 때문에 한국은 바이러스 정보 게릴라전에 최대 취약 국가가 될 수 있다.

바이러스의 정보 게릴라전이 발발하면 바이러스는 먼저 인간 주변을 공략

하면서 인간 공격을 위한 전략전술을 수립하고, 최종적으로 인간을 향한 대공세를 감행할 것이다. 이번 신종 코로나바이러스 출현도 동일한 탐색전으로 볼 수 있다. 이제 바이러스와의 세계대전이 불가피하다면 이에 대한 국가적 비상 전략 수립이 절실하지 않을까.

첫째, 전 국민이 바이러스 전쟁에 대비한 강력한 전투력의 군인이 돼야 한다. 항바이러스 면역력을 기르는 것이다. 그 방법으로 운동·영양·약물, 세 가지 대응 전략을 들 수 있다. 일례로 걷기 운동으로 체중 10kg을 줄이면 체지방은 13kg 감소하고, 항바이러스성 체성분은 3kg 증가하기 때문에 항바이러스 저항력은 30% 이상 높아진다고 한다. 체온 상승, 체내 효소 활성도 촉진, 백혈구 활동 증가 등으로 바이러스 저항력이 30% 정도 커진다는 것이다.

둘째, 밀집된 가축사육장은 바이러스 상륙 거점이 될 수 있다. 따라서 축협은 첨단바이오 축산을 위한 연구조합으로 변신해야 한다.

인구가 과밀한 한국은 바이러스 침공의 최대 취약 국가임을 명심하자. 운동이 부족한 노약자와 영유아를 위한 예방백신 개발 대책도 국가 차원에서 마련해야 한다. 미국은 이미 '바이오 테러 방지법'을 제정한 바 있다. 이 속에는 바이러스 테러 방지책도 포함돼 있다. 우리도 제3차 바이러스 대전에 대비하기 위해 '국가 바이오 테러 방지법'이나 '국민 바이러스 면역력 강화법' 등의 제정을 생각할 때다.

신종 코로나바이러스와 탈원전 정책의 함수

화석 에너지, 맹독 바이러스 양산
정부는 탈핵에서 친핵으로 가야

시진핑 중국 국가주석은 신종 코로나바이러스 사태를 맞아 '바이러스와의 전쟁을 위한 국가 위기체제'를 발동했다. 국가적 대응책을 흑사병·콜레라 수준으로 발표했다. 중국 경제의 바이러스 감염으로 세계 경제도 몸살을 앓고 있다. 그런데 왜 하필 중국에서 괴이한 바이러스가 발생했을까.

중국은 세계의 공장으로 미세먼지와 지구온난화 발생의 거점이었다. 이로 인해 악화한 독성 환경 속에서 바이러스가 독성 바이러스로 변이될 수 있는 최적지가 됐다. 한국 정부의 '탈핵' 정책으로 증폭될 수밖에 없는 미세먼지와 지구온난화는 인체의 면역력을 약화한다. 바이러스의 공격을 도와주고 바이러스 자체를 맹독성 바이러스로 변이시키는 두 가지 역할을 동시에 한다. 그래서 선진국들은 국민 건강을 위해서라도 '친핵' 정책을 고수한다.

앞으로 인류 최대 적은 바이러스다. 3차 세계대전은 인간과 바이러스의 전쟁이 될 것이라고 한다. 미세먼지와 지구온난화는 바이러스 발생과 변이를 도와주는 바이러스의 강력한 연합군이다.

인류와 바이러스가 치른 전쟁의 역사를 보자. 천연두 바이러스로 시작해 중세 유럽에서 창궐한 흑사병과의 전쟁에서 최대 1억명이 숨졌다. 1918년 스페인 독감 바이러스로 5000만명이 사망했다. 1·2차 세계대전을 포함해 알렉산더와 칭기즈칸의 정복 전쟁 등을 통한 사망자는 통틀어 1억명 미만이었다고 한다.

지금도 감기 바이러스는 고령화 사회를 맞은 노인들에게 저승사자 같다. 바이러스는 환경이 악화하면 변이를 거듭해서 인간을 좀비로 만든다. 결국 건강한 인간과 좀비 인간 사이에 비참한 전쟁을 촉발할 위험성도 상존하고 있다.

이 같은 바이러스들이 가장 싫어하는 기술이 바로 친환경 기술인 원자력이다. 원자는 극초미량만으로도 엄청난 열을 발생하기 때문에 원자력은 자연히 미세먼지와 지구온난화를 가장 적게 발생시킬 수밖에 없다. 반대로 석탄·석유·기름·천연가스 등 화석에너지는 미세먼지와 지구온난화 발생을 증폭시켜 지구환경을 지속해서 악화시키는 주범이다. 그래서 문재인 정부의 왕고집 탈핵정책을 바이러스야말로 진심으로 고맙게 생각할 수밖에 없을 것이다.

필자는 2016년 국제원자력 학술회의에 초청받아 세계적 원자력 전문가들 앞에서 동양 철학적 내용을 발표한 적이 있다. 요지는 이렇다.

"영국의 과학자 제임스 러브록은 지구를 하나의 초거대 생명체로 정의했다. 인간은 초거대 생명체인 지구의 각종 체성분, 즉 기름·가스·석탄 등을 드라큘라처럼 뽑아내서 흥청망청 낭비한다. 이 때문에 지구 몸에 병이 생겨 열이 나는 것이다. 인간들은 이를 지구온난화라고 떠들고, 이로 인해 미세먼지와 대기오염이 발생하니까 환경오염이라고 호들갑을 떨고 있다. 오늘 참석한 원자력 공학자들이 지구 자원을 가장 아껴 쓸 수 있도록 하는 연구가 지구의 건강을 보호해 줄 것이다."

산업혁명의 역사적 대세에 올라탔던 일본과 반대로 한국은 역사를 외면했다. 결국 두 나라는 국운의 갈림길에 서야 했다. 두 나라의 원자력 정책도 정반대로 간다. 원자폭탄 피폭 경험과 후쿠시마 원전 참사를 뼈저리게 겪었지만, 일본은 오히려 친핵 정책을 고수한다.

반면 한국은 비과학적인 정치집단이 후쿠시마 원전사고를 배경으로 만든 영화 '판도라'를 보고 놀라서인지 탈핵 정책을 고집하고 있다. 일본은 과학적인 전문가집단이 미세먼지와 지구 온난화 발생을 억제할 친핵 정책을 주도하고 있다.

한국의 탈핵 정책 때문에 인구가 과밀한 한국이 바이러스 전쟁의 최대 피해국이 될 수 있다고 전문가들은 경고한다. 지금이라도 3차 세계 대전에서 바이러스에 감염된 좀비 국민을 만들지 않도록 정부는 서둘러 친핵 정책으로 과감하게 전환해야 마땅하다.

신체생리법칙을 국가경영에 활용하자

요사이 성실한 기업인들을 만나면, 기업경영이 최악상태라고 아우성이다.

이로 인한 허약한 국가경제 때문에, 정부의 국제외교와 기업의 해외영업도, 어려운 궁지로 몰리고 있다. 오늘 우리현실을 보면, 기업의 경영 마인드와 정부의 정책 마인드 간에는 서로 동떨어진 평행선을 달리고 있다. 어떻게 하면 상호 이해의 접점을 찾을 수 있을까? 기본적으로 신체와 국가는 본질적으로 공통점을 가지고 있기에, "신체생리와 국가경영"의 상호관계를 검토해보자. 신체는 국가조직의 축소판이고, 국가는 신체조직의 확대판이라고 한다. 이로 인한 성공적인 국가정치지도자가 두 분이 있다. 중국의 손문과 말레이시아의 마하티르로서, 이 두 분은 공교롭게도 "의사"이다. 따라서 신체생리에 관한 전문지식을 바탕으로 국가경영을 했기 때문에, 국가지도자로서 성공한 셈이다. 이 두 분은 평상시에도 신체생리를 알고, 국가경영을 하면, 가장 합리적이고, 효율적으로 국가경영을 할 수 있다고 주장했다. 무엇 때문일까? 우선 신체구조를 보면, 머리통은 뇌 등 중추신경계 영역으로서, 국가의 중앙정부조직에 해당되고 ,몸통은 주로 오장육부 등 자율신경계 영역으로서 지방자치조직에 해당된다. 선진국과 후진국의 머리통은, 종합적 사고방식에 엄연한 차이가 있다. 선진국은 미래지향적, 합리적, 창의적 사고의 "선진국형 사고"가 기본바탕이고, 후진국은 과거 지향적, 갈등적, 소모적 사고의 "후진국형 사고"가 기본바탕이다. 따라서 선진국은, 중앙행정이 지방자치행정에 철저한 자율적 자치를 보장해 준다. 신체도 국가와 마찬가지이다. 대뇌는 오장육부의 자율신경기능을 존중해주고 불필요한 간섭을 하지 않는다. 지방자치영역인 몸통의 오장육부 즉 폐 간 심장 등은 시장경제를 주도하는 각종기업들, 즉 에너지기업, 정보통신기업, 각종 제조업, 환경기업, 금융기업 등에 해당된다. 우리 몸의 신체생리를 보면, 머리통의 중앙정부가 몸통의 각종기업들에게 근로시간, 연구시간, 최저임금 등으로 간섭을 일체 하지 않을 뿐 아니라, 오히려 경영의 자율성을 신장시켜준다. 신체의 대뇌가 "후진국형 사고"에 장기간 빠져있으면, 대뇌기능자체에 정신분열증, 우울증, 신경과민증, 치매 등 병적 증상이 발생하게 된다. 마찬가지로 중앙정부기능에 이 같은 병적 증상이 있다면, 국내행정은 물론 국제외교에서도 "후진국형 사고"의 각종 정책으로 불신과 혼란에 빠질 것이다. 또한 신체생리상, 머리통의 대뇌가 몸통의 오장육부에 계속 스트레스를 주게 되면, 소화불량, 당뇨, 고혈압, 암 등 각종질병이 발생하게 된다. 국가경영도 마찬가지이다. 지구상에서 인체 생리에 따라 국가경영을 건강하게 하는 전형적인 나라와 민족이, 바로 이스라엘과 유태인이다. 우리 정부가 소득주도 성장정책을 고수하고 있지만, 이스라엘은 연구개발 주도성장 정책을 고수하고 있다. 때문에 최소국토와 최소인구에도 불구하고, 국가안보와 경제는 최고 경쟁력을 자랑하고 있다. 이를 뒷받침 하는 창의성 교육덕택에, 과학기술분야는 노벨상의 약26%이상을 수상했고, 벤처 창업율은 실리콘밸리에서도 단연 1위를 기록하고 있다. 이스라엘은 어릴 때부터 하부르타식의 동아리 자율학습으로, AI성 창의성 두뇌를 양성하고 있다. 우리는 어떤가? 입시와 진학중심의 암기식 전달교육이 주류를 이루고, 자사고 특목고 외고 등의 수월성과 다양성 교육은 억제하기 때문에, 후진국형 교육으로 전락하고 있다. 이스라엘의 최대강점은 기업의 연구개발력과 자율학습의 창의성 교육이다. 그 기본은 특히 중앙정부 두뇌의 "선진국형 사고"때문이다. 신체생리와 국가경영에 공통적으로 가장 중요한 두 가지는, 바로 자유와 사랑이다. "자유"는, "선진국형 사고"의 촉진제로서, 뉴욕의 자유여신상으로 대변되고 있다! "사랑"은, 로미오와 쥴리엣의 인간적 사랑, 모든 생명체에 대한 종교적 사랑으로, 인류 사회의 윤활유이다. 이 두 가지는, 인체생리 활성화의 촉진제로서, 만병통치 법칙이라고 한다. 이 같은 인체생리법칙을 국가경영에 적용했더라면, 한국은 창의적 기업경영의 요람이 될 뿐 아니라, 국가경제경쟁력과 국제 외교면에서도 동방의 횃불로 빛날 것이다.

인체생리와 국가경영

요사이 저의 최대고민은, 노년기의 건강문제가 아니라, 최근 국가경영문제가 되어버렸다. 사람이 사회적 환경의 동물인데, 특히 성실한 기업인들을 만나면, 한결같이 기업걱정, 나라살림걱정, 국가미래걱정을 하면서, 저에게 궁금한 문제들을 털어놓고 있다. 저도 마찬가지입장이다. 정부와 정치핵심관계자들을 만나면, 당연히 현정책의 당위성과 공직자의 애국심으로 저를 설득한다. 분명 양측이 평행선을 달리고 있다. 그래서 만고의 진리인 "인체생리와 국가경영"의 동질성을 확인하기로 했다. 아시아의 가장 성공적인 정치지도자 두 분은, 중국의 손문과 말레이시아의 마하티르라고 한다. 이 두 분은 공교롭게도 인체생리 전문가인 의사인 점이다. 이 두 분은 인체생리에 따라 국가경영을 하면, 가장 합리적이고 가장 효율적으로 국가를 경영할 수 있다고 한다.

무엇 때문일까? 우선 인체구조를 보면, 크게 중추신경계와 말초신경계로 구성되어있다. 대뇌, 소뇌, 간뇌, 척추가 중추신경계로서, 국가의 중앙정부와 정치에 해당된다. 대뇌는 판단과 기획의 종합사고 본부이며, 소뇌는 운동 등 신체활동을 담당하고, 간뇌는 소화 등 내장기관 활동을 담당하고, 척추는 중앙과 지방의 고속정보교류를 담당한다. 즉 중앙정부조직의 기능을 관장하는 셈이다. 말초신경계는 체성신경계와 자율신경계로 구성된다. 체성신경계는 우리 몸의 치안과 국방담당이고, 위, 간, 심장, 폐 등 오장육부는 자율신경계가 담당하고 있기에, 중앙정부에 구속되지 않고, 철저하게 자율적으로 운영된다. 때문에, 인간이 최고의 고등동물인 셈이다. 특히 자율신경계내에서, 악셀러레이터 역할은 교감신경, 브레이크 역할은 부교감신경이 담당하면서, 오장육부 기능이 극히 자율적으로 조정되고 있다. 인체 오장육부에 해당되는 국내 각종기업들은, 인체생리에 따라, 중앙정부의 근로시간과 최저임금 등에 구속되지 않고, 자율경영이 가능해야한다. 지구상에서 인체생리에 따라 국가경영을 하는 전형적인 나라와 민족이, 바로 이스라엘과 유태인이라 할 수 있다. 우리는 소득주도성장

정책이라면, 이스라엘은 연구주도 성장정책이다, 우리가 정부의 분배 소득중심이라면, 이스라엘은 개인의 두뇌 연구중심으로서, 최소국토와 최소인구에도 불구하고, 국가안보와 국가경재는 최강을 자랑하고 있다. 과학기술분야 노벨상의 약26%이상을, 벤처창업율은 실리콘밸리에서도 단연 1위를 기록하고 있다. 얼마 전 손정의씨가 우리 대통령을 뵌 자리에서, 국가경제발전과 경쟁력강화를 위해서는, 첫째, 둘째, 셋째도 AI라고 강조한 바있다. 이스라엘은 하부르타 교육 등 창의적 자율동아리학습으로, 창의적 다양성 교육이기에, 인간AI을 저변에서 양성하고 있다. 우리는 어떤가? 자사고 외고폐지 등 교육 하향평준화라고 교육계불만이 고조되고 있다. 결국, 인체생리에 따른 국가경영을 하기위해서는, 손문이나마하티르같은 지도자가 아니더라도, 스티브 잡스와 빌게이츠처럼, 훌륭한 인재를 적시 적소에 기용할 수 있는 지도자를, 우리 국민들이 선거를 통해서 선출해야 하지 않을까.

하루라도 빨리 노령지건부를 만들어야 한다

역사의 정방향을 외면하면 불행하고, 끌어안으면 행복하게 된다고 한다. 지구촌이 급속히 노령화 사회로 변화하는 것은 거대한 역사 변화의 정방향이다. 우리나라는 지난 2017년 노인 인구가 전체 인구의 14.2%를 차지해 고령 사회로 진입했다. 2026년에는 노인이 전체의 20%를 넘는 초고령 사회가 된다. 이어 2036년에는 고령 인구 비율이 30%를, 2051년에는 40%를 넘어설 전망이다. 경제협력개발기구(OECD) 국가 중 노령화 속도는 물론 노인들의 빈곤화 속도가 가장 빠르게 진행되고 있다.

치매 등 각종 질병과 빈곤, 직업 등 노인과 관련된 수많은 현안은 갈수록 핵폭탄급 충격과 사회문제를 낳을 것이다. 문제는 이미 눈앞에 다가와 있는 노인 문제를 종합적으로 고민하고 장기적인 국가 전략을 마련하는 일에 우린 너무 방심하고, 완전히 손을 놓고 있다는 점이다.

예를 들어 요양병원 · 요양원의 현실을 보자. 많은 노인이 이 시설에 가는 것을 극도로 기피하고 있다. 일부에서는 요양병원 · 요양원을 '화장터 대기장'이라고 혹평하기도 한다. 시설과 운영, 의료 수준 등이 저급하다 못해 허접한 경우가 수두룩하다. 김포 요양병원과 밀양 세종병원 등의 화재에서는 노인들이 속수무책으로 목숨을 잃기도 했다. 정부 보조금에 의존하는 현행 요양병원과 요양원의 시설과 서비스 문제는 진정한 노인 복지를 위해서라도 반드시 개선이 이루어져야 한다.

외국의 사례를 보면 우리의 현주소가 보인다. 이웃 일본의 경우, 요양원은 노인들이 집처럼 편하게 느낄 수 있도록 하고 있다. 요양원 내 카페에서 친구와 커피를 마시고, 식사 준비는 직원들과 함께 하기도 한다. 주말엔 찾아온 자식들과 담소로 시간을 보내도록 한다.

네덜란드에서 운영하고 있는 치매마을 요양원은 흥미롭다. 동급 환자들끼리 자율 학습 토론 동아리를 만들고, 환자로 위장한 의사들도 참여해 토론식 학습을 흥미롭게 유도하고 있다. 일부 학자는 이런 형태의 요양원을 자가면역력 개발원 또는 면역력증진원이라고 부르기도 한다. 유태인의 하브루타 교육의 핵심이 자율 동아리 학습으로 학생들 스스로 창의력을 개발하도록 하는 것처럼, 치매 환자들끼리 자율적 동아리 학습을 통해 환자 스스로 치매에 대한 면역력을 키워 결국 치매 증상들을 개선하는 제도이다. 우리나라도 이런 면역력 개발원 설립과 보급이 시급하지만, 현행 복지재단 설립 절차와 행정 관행으로서는 재단 설립 인허가 자체가 무척 어렵다. 아예 기피하는 현상도 나타나고 있다.

이런 답답한 현실 문제를 풀기 위해선 노인과 관련된 정책과 비전을 하나로 통합해 다루는 '노령지건부(老齡知健部)' 같은 중앙 부처가 시급하다. 담당 장관은 연금제도, 건강보험제도, 노인돌봄제도, 요양기관제도, 세금 문제, 사회체육 활성화, 노인 지혜 활용 촉진 등 노령 사회에 대비한 정책을 입안 · 집행 · 평가하는 임무를 수행해야 한다. 이미 스웨덴, 덴마크, 네덜란드, 핀란드, 호주 등 노인 복지 선진국들은 국가 부처로 노인정을 만들어 노인들의 건강과 기초생활보장 등의 문제는 물론 노인들의 장점을 최대한 살려 국가 경쟁력 강화에 활용하는 방안에 골몰하고 있다. 노인들이 오래 건강하게 살도록 하고, 사회에서 핵심 세력으로 일할 수 있도록 유도할 수 있다면 우리의 미래는 더욱 밝아질 것이다. 많은 가정이 고통과 슬픔이 아닌 기쁨과 행복이 가득한 곳이 될 수 있음은 물론이다.

한국이 강점 많은 바이오산업 육성 시급하다

이상희 헌정회 국가과학기술 자문회의 의장

노령화로 의료시장 급속 확대
한국 바이오원료 공급국 가능
불가사리 줄기세포 연구 주목
1등 바이오산업 국가 만들어야

"건강을 잃으면 모든 것을 잃는다"는 말이 있다. 건강 산업, 즉 바이오산업은 대한민국 경제에서 매우 중요하다. 특히 세계적인 노령화와 지구환경 악화로 의료시장은 급속히 확대되고 있다. 한국 바이오산업의 국제 경쟁력은 어떨까. 다행히 중국과의 바이오산업 경쟁은 한국과 보완적이다. 과거 중국 황실이 한반도에서 산삼을 가져가고, 반대급부로 비단을 제공했다. 지금으로 치면 비단은 제조업이고, 산삼은 바이오산업이다. 중국은 대량생산의 제조업, 한국은 소량 전문생산의 바이오산업으로 서로 보완적 관계가 될 수 있다.

한국 바이오산업의 경쟁력과 강점은 무엇인가. 바이오산업의 주요 원료는 한반도에서 자라는 식물과 동물이다. 가령 식물원료인 산삼은 바이칼 호 등 세계 여러 곳에서 생산된다. 그런데 중국 황실은 왜 하필 고려 산삼의 효능을 으뜸으로 쳤을까. 생물은 생육공간의 생명 에너지 활성에 따라 유효성분의 질과 함량에 차이가 난다.

지질학자들은 한반도가 태평양과 아시아대륙, 즉 해양과 대륙의 생명 에너지가 융합하는 위치에 있기 때문에 가장 강한 생명 에너지를 받는다고 본다. 고려 산삼의 약효도 한반도가 지니고 있는 이런 강한 생명 에너지 때문이라고 한다. 따라서 한반도의 각종 약용식물과 해양생물 그리고 미생물 등이 바이오산업의 1등급 원료가 될 수 있다. 더불어 한국도 산유국처럼 약효가 뛰어난 바이오 원료의 공급국이 될 수 있다.

최근 4차 산업혁명 관련 기술이 에어돔(공기막 구조)에 접목되면서 작물 생산은 1년에 3모작뿐 아니라 4모작도 가능해졌다. 유효성분도 50%에서 100% 이상으로 함량과 약효를 증가시킬 수 있게 됐다. 에어돔은 바이오산업용 동식물과 미생물의 생육공간을 비닐과 유리온실에서 인텔리전트 하우스로 발전시킨 공간이다. 이로 인해 바이오산업 원료의 양과 질을 대폭 개선할 수 있다.

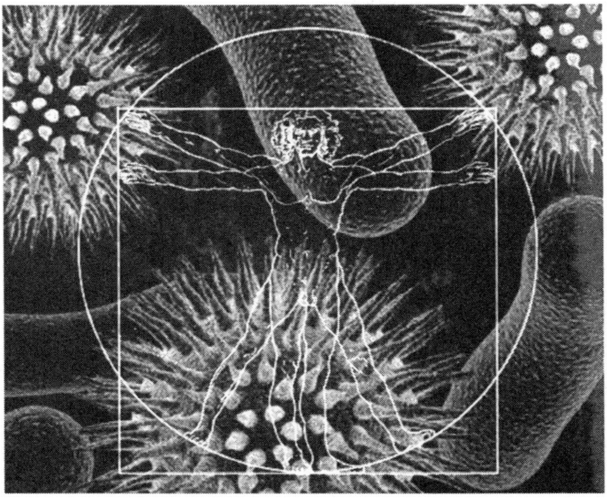

시론

최근 바이오산업에선 치매 예방 치료 분야가 거대시장으로 부상하고 있다. 선진국들에서도 '치매와의 전쟁'을 선포하며 국가적으로 과감한 정책을 발굴해 시행하고 있다. 이와 관련, 새롭게 주목받는 연구 분야는 불가사리의 줄기세포 연구다. 유럽 14개국이 과학기술연구연합인 EU-COST를 결성해 해양 무척추

동물의 줄기세포연구를 착수했다. 불가사리는 조직의 일부에서 성체가 재생되는 끈질긴 재생력과 성장 촉진력을 지니고 있다. 이 때문에 어부들 사이에선 악동으로 불릴 뿐 아니라 이런 특성 때문에 불가사리로 통칭된다. 예를 들어 불가사리 줄기세포의 치매 연구를 한국이 세계 최초로 특허권을 확보하면 한국의 바이오산업은 국민경제에 기여할 수 있을 것이라고 본다.

최근 폐기물 처리 관련 환경산업에도 바이오 기술이 핵심으로 떠오르고 있다. 특히 복합 미생물에 의한 핵폐기물의 자연화 처리도 거의 마무리 단계에 있다. 이미 러시아 · 우크라이나 · 프랑스 · 일본 등 선진국에서는 미생물에 의한 원소 변환실험의 성공사례가 일부 발표됐다. 실제로 일본 후쿠시마 쓰나미 피해 지역에서 미생물을 활용한 방사능 제염 실험이 일부분이지만 성공적으로 입증됐다. 이처럼 각종 복합 미생물을 활용해 폐기물을 처리하는 환경산업도 새로운 바이오산업으로 부상하고 있다.

특히 미생물의 존재와 위력은 주목할 필요가 있다. 지구 위에 존재하는 모든 생물군 중에서 미생물의 중량비는 약 60% 이상이나 된다. 말하자면 생태계의 '집권당'인 셈이다. 25억 년 전 방사능 독가스로 둘러싸인 중병환자였던 지구를 오늘의 건강한 푸른 별로 만든 '주치의'가 바로 미생물이다. 봄이 되면 땅에서 새로운 생명체가 자라도록 토양을 인체의 태반처럼 만드는 주인공도 미생물이다. 미생물은 바이오산업 분야에서는 위대한 존재다.

한반도에 존재하는 강인한 미생물 덕분에 우리는 운명적으로 바이오산업 강국이 될 수 있다고 믿는다. "구슬이 서 말이라도 꿰어야 보배다"라는 말이 있다. 바이오산업 육성에 필요한 천연 조건이 서 말의 구슬처럼 있다 해도 우리의 의지로 꿰어나가야 국가생존을 위한 보배가 될 수 있다. 하지만 총체적으로 한국사회는 칭찬과 격려보다 감시 · 감독에 중독된 난치병 수준이다. 절박한 국가 생존을 위해 하루속히 우리가 지닌 저력들을 살려나가야 한다. 방탄소년단 같은 재능 · 열정 · 신념이라면 바이오산업 1등 국가를 못 만들 이유가 있겠나.

후쿠시마 방사능 처리 '미생물'이 그 대안이었다

'원소A'가 '원소B'로 바뀔 수 있을까..?

46억년 전 지구를 청소하였던 존재가 있었다. 그들은 그러한 지구청소뿐만 아니라 1945년 일본의 히로시마와 나가사키에 원폭투하지역을 깨끗이 청소하기도 하였다. 당시 원자폭탄을 투여한 미국은 향후 100년 동안은 버려진 도시가 될 것이라 전망했지만 실제로는 1년도 못되어 방사능이 서서히 사라지고 생물이 살아갈 수 있는 환경으로 회복이 되었다. 태초에 지구의 높은 온도와 압력, 유독가스로 가득찬 환경에서 나타나 적응하고 산소를 만들어 내어 생물을 탄생시키는 역할을 하였으며, 원폭투하의 처참한 환경에서도 정화를 시켰던 존재! 바로 '미생물'이었다.

미생물은 환경정화뿐만아니라 김치, 된장, 청국장 등 발효균으로서 톡톡한 역할을 하고, 유럽, 미국 등 선진국에서 유산균형태로 많이 사용되고 있다. 음식을 만들어 먹고, 옷을 만들어 입고, 집을 짓는 등 인간들의 기본적인 의식주와도 밀접한 관련을 가지고 있는 것이 미생물이다. 미생물은 어머어마한 파워를 가지고 있고 각종 산업에 활용을 한다면 너무나 많은 고부가가치를 창출할 수 있다. 세상에는 수천만 종의 미생물들이 곳곳에서 우글거리고 있으며 그들의 능력은 각각 다르기 때문에 미생물을 알아내고 활용하고자 한다면 얼마든지 우리들의 상상은 현실화될 수 있다.

지난 2013년 10월 22일 일본의 후쿠시마에서 '후쿠시마 방사능 제염추진위원회'와 공동으로 기자회견을 열었었다. 후쿠시마(福島)현 토양의 방사능 오염문제를 미생물을 통해 해결할 수 있다는 저의 아이디어와 일본의 다카시마 야스히데박사가 의기투합하여 "토양 발효에 의한 방사능 제거"실험을 하였고, 후쿠시마에서는 방사능 제염추진위원회를 구성하여 적극 도움을 주었다. 실험은 2013.09.25일부터 2013.10.19일까지 진행하였으며, 장소는 후쿠시마 제1

원전에서 20여km 떨어진 나미에마치의 100평 규모의 토지가 실험현장이었다. 실험은 대대적인 성공이었고, 방사능 물질이 무려 70%이상 줄어든 것으로 확인이 되었다. 토양발효에 의하여 방사능을 제거할 수 있다는 본 실험은 구체적으로 방사능에 오염된 토지에 배양시킨 미생물 균과 액체 비료 등을 뿌려 발효시킨 뒤 방사능 수치를 실험전과 비교하는 식으로 진행되었다. 9월 25일 채취한 토양과 10월 14일에 채취한 토양을 비교했더니 방사성 세슘 134와 세슘 137 모두 70%이상이나 줄었다. 평균적으로 따지면 정확히 73%가 줄어든 것이다.

	샘플링 9월25일 (단위:Bq/kg)			샘플링 10월14일 (단위:Bq/kg)		
	세슘134	세슘137	합계	세슘134	세슘137	합계
대상지	6,500	15,000	21,500	8,900	20,000	28,900
A지점	11,000	26,000	37,000	750	1,800	2,550
B지점	3,700	8,600	12,300	810	1,900	2,710
C지점	8,500	20,000	28,500	570	1,400	1,970
D지점	1,300	2,900	4,200	670	1,600	2,270

[표] 토양발효에 의한 방사능 제거 실험 분석결과자료

'원소A'가 '원소B'로 바뀌었던 것이다.

이번 실험을 함께 진행한 다카시마 야스히데 박사는 6대째 양조장을 해온 집안의 사람으로 미생물과 친구처럼 속삭일 정도로 미생물전문가이다. 2011년 후쿠시마 원전사고 직후 간 나오토 전(前)총리에게 편지를 보내 이러한 미생물을 활용하는 방식을 제안했었다.

[그림] 후쿠시마현에서 공동기자회견중인 이상희 前과학기술부 장관

미생물이 방사능을 먹고 청소할 수 있음을 강조했었고, 실제로 환경정화에 있어서 탁월한 역할을 미생물이 하였다.

위의 실험처럼 3주간에 걸쳐서 세슘이 73%가 줄어들었다는 것은 참으로 놀라운 결과이다. 이러한 사실로부터 출발하여 해수의 오염문제도 똑같이 적용할 수 있을 것이다.

미생물이란 도대체 무엇인가?

대장균, 유산균, 이질균, 세균, 곰팡이, 박테리아, 효모, 아메바, 짚신벌레, 바이러스.. 우리가 흔히 미생물이라고 알고 있는 친숙한 이름들이다. 지구는 25억년 전 방사능 덩어리였지만 이를 생물이 살 수 있는 공간으로 만든 것은 바로 미생물이며, 지금도 지구의 60%가량이 수천만 가지의 미생물로 채워져 있다. 어찌 생각해보면 지구의 주인이자 어머니라고도 할 수 있는 미생물의 작용에 대해 알려진 사실은 그럼에도 불구하고 너무나도 미미하다. 수십억 인간 개개인이 능력도 다르고 생김새도 다양하듯 미생물 역시 그 다양한 종류만큼 각자 다른 능력을 가지고 있으며, 어떤 미생물의 경우에는 상상하기 힘든 능력을 보여주기도 한다. 방사능을 청소하는 미생물 역시 마찬가지이다. 깡패가 지고지순한 여자를 만나면 순해지듯이 통제 불능의 방사성 물질도 미생물을 만나면 순해진다. 방사성동위원소라는 무기질은 미생물이라는 유기질을 적절히 만나면 제대로 된 한 쌍의 남녀가 만나 결혼해 안정을 찾는 것처럼 극적으로 안정되는 효과를 볼 수 있으며, 후쿠시마 원전사고 이후 다카시마 박사의 실험 결과는 이를 증명해 주는 사례라 할 수 있다. A라는 인류에게 위험한 원소가 미생물을 만나 B라는 인류에게 무해한 원소로 변화하는 것이다. 미생물은 생활 쓰레기를 분해하고 나아가 산소를 공급하여 이 지구의 생명체를 탄생시키고, 인간의 삶을 유지시키며, 미래 사회의 발전에도 커다란 기여를 할 것이다.

독가스 방사능 덩어리를 미생물들이 식사로 먹어치우고 배설물을 냈으며, 그 배설 물질이 바로 식물이 자라나는 비료가 되어 오늘날의 푸르고 아름다운 녹색지구가 되었다. 미생물은 생명 넘치는 그린 환경을 만든 산모인 것이다. 미생물이라는 자연의 거대한 창조물을 이용하여 방사능 문제의 해결뿐만이 아니라 현재와 미래를 잇는 중요한 산업이 될 수 있으리라 믿는다. 환경, 에너지, 나노, 섬유, 전자, 건축, 기계 등 각 분야에 새로운 생명력을 불어 넣을 수 있다. 후쿠시마에서의 방사능 처리를 미생물로 시작한 것부터 차근차근 미래의 문을 열어갈 수 있을 것이다. 미생물과 함께~!

복합미생물확용 핵폐기물처리

꿩먹고 알먹는 핵폐기물 자연화도 가능한 일이다

인류 최대 경제는 에너지 경제이며, 최고의 에너지 자원은 원자력이 될 수 밖에 없다.

만약 최대 걸림돌인 방사성폐기물을 자연화 시킬 수만 있다면, 에너지 경제 대국이 될 수 있다. 선진국들의 기초첨단기술을 상용화로 활용하는 두뇌가, 우리의 유일한 부존자원이다. 이제 이 같은 두뇌부존자원을 활용하여, 핵폐기물의 자연화 기술개발에 도전하자.

2차세계대전 때에 일본의 무조건 항복을 받아낸 것은, 히로시마와 나가사키의 원자폭탄 한방이었다. 이때 미국은 두 도시가 최소 100년 이상 인간생존이 불가능한 폐허의 도시가 될 것으로 생각했다. 그러나 놀랍게도 10개월 만에 생물생존 가능 지역이 되었다. 25억년 전에 지구는 방사능으로 둘러싸인 병든 지구였지만, 지금은 녹색의 건강한지구가 되어있다. 지구물리학자들은 병든 지구와 피폭 두 도시를 건강히 만든 주치의는, 복합미생물이라고 주장하고 있다.

특히 후쿠시마 원전사고 1년 뒤, 후쿠시마 방사능 오염 토양에 대한 복합미생물의 방사능 제염실험이 실시되었다. 그 결과 2주간실험으로 방사능의 70% 이상 제거되었다는 사실을 국제언론에서 밝혔다. 사실 핵폐기물을 원자력전문가들은 원자력 공학적으로 처리하기위한 노력을 열심히 해왔다. 즉 고준위 방사능물질을 공학적 방법으로 중저준위로 만들고, 이들을 유리알에 용융해서 사막지하에 매립했다.

미국은 네바다, 중국은 고비사막에 매립이 가능하지만, 우리는 어쩔 수없이 1조7000억으로 만든 경주의 폐기물 저장고에 보관중이다. 이제 추가로 저장고를 만들어야할 입장이다. 원자력폐기물을 복합미생물로 자연화시킨 역사적 사례가 있는데도 무엇 때문에 실용화모델이 만들어지지 못했을까? 핵폐기물처리도 원자력전문가영역이라는 아집 때문이다. 가령 미생물 등 바이오전문가들이 핵폐기물자연화 연구에 응모하면, 원자력전문가중심의 심의회에서 탈락되어, 이 분야 진입이 지금까지 불가능했다.

사실 핵폐기물처리의 수익성은 투자대비 원자력발전의 최소 3배 이상이며 그 시장은 거대한 원자력발전 산업과 정비례할 수밖에 없다. 만약 복합미생물의 핵폐기물자연화 기술이 개발 확립되면, 에너지경제의 꿩도, 환경산업의 알도 잡는 것이 가능할 것이다. 또한 지구촌 환경개선으로 노벨상수상은 당연할 것이다. 이 같은 역사적 영광을 뒷받침하기위해, 5월18일에 관련 국제학술회의 개최가, 세계최초로 한국에서 추진 중이다. 기초과학연구 분야에서, 러시아, 프랑스, 우크라이나, 일본 등의 학자들이 미생물에 의한 원소 변환연구가 이미 일부 성공한바있다. 말을 소로 바꾸는 원소변환이 가능하다면, 방사성 동위원소라는 소위 "깡패말"을 자연 동위원소라는 "순한말"로 바꾸는 일은 훨씬 용이할 것이다.

이 분야 기초연구학자들을 한국으로 초청해서, 그 머릿속의 기술들을 강력한 탈수기로 추출해서 상용화하기 위함이다.

우리도 겨우 연구재단 도움으로 기초, 바이오, 미생물학자들 공동으로 연구에 착수해서, 선진기술들의 소화 응용 상용화를 위한 기본준비가 되고 있다. 이분들의 공통된 의견들이, 착수당시는 1% 성공가능성이었지만, 이젠 60%이상 가능성을 확신하고 있다는 점이다. 이 국제학술회의에는 해외전문가들도 호기심을 가지고 즐겨 참여하고 있지만, 특히 국내전문가들은 애국적 열정으로 참여하는 모습에 주변사람들이 감동하고 있다.

오늘 우리사회는 국내외 경제 격랑에 요동치고 있다. 또한 실물경제는, 4차 산업혁명과 지식경제의 급격한 변혁에 몹시 불안한 환경이다. 이럴 때 극한 복합미생물을 이용한 방사성폐기물의 자연화기술개발 관련 국제학술회의가, 세계최초로 방사성폐기물의 자연화 기술개발의 밑거름이 되면, 우리에게 에너지 경제대국의 문이 열릴 것이다.

미생물로 방사능 특공대 만들자

최근 후쿠시마 사태 이후 고리 등 원전주변 주민들은 방사능 피해를 심히 우려하고 있다. 방사능과 독가스가 지구를 에워싸고 있었던 43억년 전 이들을 음식물로 섭취하는 미생물들이 출현해서 식사로 먹어 치우면서 지구를 청소했다. 또한, 이들 미생물이 배설한 똥, 오줌이 식물 비료가 되었다고 한다. 이로 인해 지구는 식물이 자라고 사람이 살 수 있는 녹색건강 환경이 조성 되었다. 즉 오늘의 녹색건강 지구를 출생시킨 산모가 바로 미생물인 셈이다.

지구상에 다양한 동물과 식물, 그리고 미생물이 공존하고 있다. 이 같은 생명체 중에서 미생물이 차지하는 비중은 어느 정도일까? 놀랍게도 미생물이 지구 총 생명체 중량의 60%이상이라고 한다. 결국 미생물이 지구를 건강하게 만드는 산모 역할을 하기 위해서는 지구생명체의 과반수를 넘어야 되고, 따라서 지구건강 환경을 좌우하는 집권여당인 셈이다. 그러면 지구건강의 골칫거리인 방사능에는 미생물여당이 무슨 역할을 할 수 있을까?

기름, 가스 등 자원에너지는 날이 갈수록 재고가 바닥이 나고, 가격은 오르기 마련이다. 그러나 태양광, 풍력, 전력 등 기술에너지는 기술발전으로 가격은 떨어지고 안정성은 좋아지게 된다. 때문에 인류의 미래에너지는 기술에너지이지만, 원자력을 제외한 풍력, 태양광 등은 간식에 지나지 않고 주식은 결국 원자력이다. 원자력에 관한한 유일한 원폭피해국도 일본이지만, 또한 원전의 보급률 기술수준도 세계 최선진국이고 공교롭게도 미생물기술도 최선진국이다. 그 일례로 미생물 발효식품인 낫또 및 관련 미생물의 수출이익은 일본 자동차 수출이익보다 많다고 한다. 미국은 히로시마, 나가사키에 원폭투하로 100년간 사람이 살 수 없는 버린 도시가 될 것이라 판단했으나 일본의 원자력과 미생물인연으로 이들이 출동해서 방사능을 청소하면서 1년 내에 건강환경이 조성되었다.

이 같은 사실 때문에 후쿠시마사태 때 일본의 간 나오또 총리에게 긴급 서신을 보냈다. 내용인즉 앞서 이야기들을 요약정리하고, 후쿠시마에서 인류 미래에너지원인 원전의 방사능문제 해결을 찾는 것이 일본의 숙명적 인연이라고 강조했다. 이를 위해 일본의 최선진 미생물기술을 방사능오염제거에 활용할 것을 제안했다. 이때 후쿠시마 방사능 특공대의 총지휘관으로서 다까시마 박사를 추천했다. 다까시마 박사는 6대 양조장 집안으로서 미생물의 방사능처리에 관한 전문가이다. 총리께 보낸 서신 때문에 후쿠시마 방사능제거 실험의 공동연구자가 되었고, 이 실험결과를 한국이 공유하도록 약속되었다. 때문에 후쿠시마서 미생물의 방사능처리결과를 발표하는 기자회견에 초청되었다. 즉, 방사성 세슘의 70%이상이 미생물에 의해서 일반 세슘으로 바뀌었다는 사실이 증명되었다.

무엇 때문에 미생물이 이 같은 능력을 발휘할 수 있을까? 최근 독일, 프랑스 등 기초과학연구소에서 미생물이 A라는 원소를 B라는 원소로 바꾼다는 사실이 밝혀졌다. 모든 물질의 기본인 주기율표의 원소를 미생물이 다른 원소로 바꾼다는 것은 혁명적인 발견이다. 이는 무슨 의미가 있을까? 즉, 미생물이 소를 말로 바꿀 수 있다는 이야기이다. 더욱이 방사성 동위원소를 방사성이 없는 동일한 원소로 바꾼다는 것은 마치 '깡패 말'을 '순한 말'로 바꾸기 때문에 미생물로서는 월등히 쉬운 일이다. 이 같은 미생물은 과연 어떤 존재일까? 미생물도 인간처럼 수많은 전문가가 존재하고, 이들의 전문능력은 전기, 전자, 토목, 환경 등이 존재할 것이다. 때문에 이들 미생물들은 자기 전공분야를 활용할 수 있는 환경에만 출현해서 전문성을 발휘하게 된다. 후쿠시마 원전사고 이후, 일본, 독일 등 선진국들이 원전폐기를 정치적으로 제기했지만, 결국 원전 없이는 에너지 문제의 경제적 해결이 불가능하다는 사실을 절감했다.

우리는 최근 삼성 스마트폰처럼 소형스마트원전의 수출주도국이 되기 위한 연구를 기획중이다. 미래 에너지시장을 정확히 예측하고 차제에 세계에너지 수출국이 되기 위하여 후쿠시마 실험결과로 원전 안전을 위한 미생물 특공대를 결성하자. 오늘의 시련과 우려를 과학적으로 분석하면 새로운 성공적 기회를 만들 수 있다는 진리를 명심하면서...

바이오산업 육성을 저해하는 요인들

최근 정부는 비메모리, 바이오헬스, 미래형 자동차 세분야를 중점 육성하겠다고 선언했다. 특히 바이오헬스산업은 반도체처럼 육성하겠다고 공언했다. 일부 미래학자들은, 바이오산업이, 원료 자급자족, 인적자질, 자연조건 등을 종합적으로 판단하면, 앞으로 한국경제를 이끌어갈 주력산업이 될 것 이라고 한다. 그러나 업계의 바닥 이야기는 정부정책에 대한 불만으로 깔려있다. 바이오정책, 관련 법규 등은, 총체적으로 바이오 활력을 오히려 억제하고 규제하는 실정이라고 한다. 현실적으로는 국민건강보험에 묶여서, 전적으로 기업에 도덕성과 의무만를 요구하고 있다. 각고한 인간적 노력과 경제적 희생은 거의 무시하고, 또한 각박한 기업경영의 애로는 전혀 고려대상이 되지못하고 있다. 첫째, 현행 약가제도 하에서는 국내신약이 약가우대를 받지 못하기 때문에 신약개발의 동기부여가 전혀 없다. 작년에 국내 모 바이오제약은 암환자가 3시간 동안 병원에서 주사를 맞아야 했던 항암제를 집에서 먹을 수 있도록, 17년간의 연구 끝에 세계최초로 개발에 성공했다. 그러나 정부가 기존약과 비교하면서 약가를 너무 낮게 요구해서, 아직까지 급여의 첫 관문도 통과를 못하고 있다. 때문에 바이오업계는 R&D활성화를 위해, 신약개발 제품의 약가제도 개선을 꾸준히 요구하고 있다. 그러나 지난해 한미 FTA 개정협상에서도 미국의 압력에 밀려 국내 제약기업의 신약개발은 약가우대를 받을 수 없기 때문에, 바이오업계는 전면수정을 요구하고 있다. 최근 정부는 약품비 적정 관리에만 열중하고 있지만, 인구 고령화, 만성질환의 증가로 약품비는 지속적으로 증가하고 있다. 따라서 현실과 격리된 약가정책 때문에, 오히려 음성적인 리베이트를 불가피하게 만들어, 관행적인 위법적 경영환경을 만들고 있는 셈이다. 설상가상으로 최근 의약품 리베이트 규제 강화와 약가 인하 정책이 함께 맞물리면서, 기업경영환경은 계속 악화되고 있다. 기업들은, 정부 육성 의지를 기대하면서, R&D 투자비용, 인건비 등을 보전할 수 있도록, 약가인상을 꾸준히 주장하고 있다.

실제로 세계경쟁 규모의 국내대형 제약기업은, 신약을 개발해도 현재로서는 별다른 세제혜택이 없다. 정부허가 정책도, 임상 3상과 심사 완료까지의 기간을 단축할 수 있는 "신속 승인 시스템"도 선진국처럼 하루빨리 마련해주기를 기대하고 있다. 때문에 업계에서는 정부의 7대규제 개혁정책 속에도, 명확한 방향성과 실천의지가 부족하다고 생각한다.

중국은 세계적 신약개발을 독려하기 하기위해 ① 패스트 트랙 도입 ② 신속한 심사 승인 제도 등 행정자체를 개혁하고 있기 때문이다 .

반면에 우리는 문제가 생기면, 규제를 푸는 등 모자이크식 규제 완화로 오히려 규제가 복잡해지고 있는 셈이다. 바이오산업을 최단시간 내에 육성하기 위해서는, 이 분야의 우수연구인력, 우수경영인을 찾아서 즉시 산업전선에 투입해야한다. 참고로, 업계의 최우수인력이 겪는 불행한 사례를 소개코저 한다. 약학전공, 뛰어난 연구경력, 국가 과학기술상 수상의 최우수연구자가 경영자로 발탁되면서, 다국적기업과의 치열한 시장경쟁과 준관행적 위법영업에 휘말리게 되고, 이로 인해 130억 벌금과 형집행유예가 확정되어, 인생파탄의 고통을 겪고 있다. 또한, 열악한 경영환경 속에서 오로지 경영에 몰두하다가, 업계의 관행적 과실을 범하여, 옥고를 치르고 있는 우수경영자들도 있다. 이들의 공통점은, 열심히 접시를 닦다가, 과실로 접시를 깬 분들이다. 선진국들은 이분들을 더욱 우대하는데, 우리는 규제 법규에 묶여서, 오히려 우수인력들을 매장하고 있다. 이 같은 우수연구인력과 경영인력들을 국경일에 특별사면하면, 바이오산업자체에 활력소가 되고, 또한 이들을 장발장처럼 혼신의 노력을 다하도록 만들게 될 것이다. 결론적으로 바이오산업은 인체와 유사하다. 따라서 우리 몸의 병을 만드는 요인도, 병을 고치는 요인도, 모두가 우리몸속에 있는 것처럼, 바이오산업의 저해요인도, 육성요인도 우리나라 안에 있다는 진리를 명심하고, 차제에 독보적 산업육성을 위한, 독보적 육성제도를 마련하자.

바이오산업의 신천지를 개척하자

최근에 '마이크로바이옴'이라는 새로운 생명공학 분야가 바이오산업의 신천지로 급속히 부상하고 있다. 마이크로바이옴이란 단어가 좀 어렵지만, 우리 몸 안팎에서 일어나고 있는 자연현상에 불과하다.

즉 수많은 미생물과 생태계가 서로 사랑하고 결합하면서 신생아를 출산하는 것처럼, 또 다른 생명체와 생태계를 수많이 출산하기 때문에 바이오산업의 거대한 생태계 가족이 탄생할 수 있다. 일반적으로 세포 수가 10조개면 우리 몸속에 있는 각종 미생물 수는 무려 30조개 이상이라고 한다.

실제로 우리 몸속 미생물 종류와 양에 따라 우리 몸 건강이 좌우된다. 최근에 건강요법으로 '자연치유법' '효소요법' '복합발효 미생물요법' 등 새로운 용어가 등장한 것도 미생물 때문이다. 몸속 미생물이 고갈되면 우리 몸은 병약해진다. 각종 복합미생물들이 우리 몸속 소화기관과 서로 사랑하고 발효해서 새로운 생리물질을 출산하기 때문에 우리 몸속에도 마이크로바이옴이 일어나고 있다.

마이크로바이옴의 주축 세력인 미생물 총중량은 지구 생명체 총중량의 60% 이상이기에 생태계에서 주축세력인 집권 여당에 해당된다. 지구물리학자들 주장에 따르면 25억년 전 지구는 방사능과 독가스로 뒤덮였는데, 이를 오늘날 녹색 건강지구로 만든 주치의가 바로 미생물이라고 한다. 또한 봄이 되면 토양에서 새로운 생명체가 탄생하게 만드는 것도 미생물이다. 미생물이야말로 미미한 존재가 아니라 위대한 존재인 셈이다. 특히 한반도 미생물들은 대륙의 양기와 해양의 음기가 서로 융합하는, 즉 생명에너지가 넘치는 지역에 살고 있고, 또한 4계절의 다양한 자연계 에너지가 충만된 곳에 생존하고 있기에 생명에너지가 넘치는 활성 미생물들이다.

이들 활성 에너지 미생물들을 다양하게 활용하면 한국이 마이크로바이옴의 바이오산업 분야에서는 최상국이 될 수 있다. 최근에 연구 논문으로 발표되기도 했지만 미생물은 원소를 다른 원소로 바꾸는 '원소 변환 초능력'을 가지고 있다.

이를 뒷받침하는 가설이 있다. 원자 내 양자는 호기성 미생물이, 전자는 혐기성 미생물이, 그리고 중성자는 통기성 미생물이 양자, 전자, 중성자의 에너지를 선택적으로 소비하여 원소 구성이 달라지기 때문에 원소 변환이 가능하다고 한다. 가장 기본 단위인 원소조차 변환시키는 미생물을 활용하면 지구를 황폐하게 만드는 방사성 폐기물 등 산업 폐기물 분자를 분해·변화시켜 무공해로 만드는 일이 가능할 것이다.

초능력 미생물이 주축 세력인 마이크로바이옴 분야야말로 한국이 최고의 경쟁력을 가지고 있다.

현재 한국 산업 경쟁력은 전자반도체, 정밀화학, 정밀기계 분야에서는 일본에 밀리고 자동차산업과 중화학산업은 중국에 밀리고 있다. 그런 점에서 마이크로바이옴 신천지를 안고 있는 한국은, 바이오산업 분야에서만은 상대적으로 앞설 수 있다. 앞으로 인간과 바이러스가 전쟁을 하게 될 때도 한반도 특유의 초능력 미생물들을 활용해 탁월한 항바이러스제제 개발이 가능할 것이다. 또 부작용이 없는 항바이러스제, 치매예방 치료제 등을 다양한 초능력 미생물들을 활용하여 개발하면 바이오산업은 우리 경제의 버팀목인 주력 특화 산업이 될 것이다.

원자력 추진 造船산업으로 해양경제 일으켜야

전 세계 신규 조선 발주량이 전년 대비 72% 감소하면서, 세계 조선산업이 최악의 불황을 맞고 있다. 그 여파로 우리 조선업계도 전년 대비 84% 감소했고, 설상가상으로 한진해운이 퇴출당했다. 산업도시 울산, 거제, 군산 등의 지역경제도 참담한 처지에 빠져 있다. 이에 정부는 '밑 빠진 독'이란 비판 속에서도 대우조선에 4조원대의 추가 지원을 하기로 했다. 그 이유는, 대우조선이 법정관리에 들어갈 경우 56조원 이상의 총체적 국가 경제 손실이 예상되기 때문이다.

사람은 고질적 질병이 있을 때 어떻게 대응할까? 통증을 없애는 임시방편적 조치를 지속적으로 할 수도 있지만, 일류 전문의에게 정확한 진단을 받고 수술 등 혁신적인 근본적 조치를 결행할 수도 있다. 현재 정부의 조치는 2020년까지 25조원을 지원하고 그중 11조원은 선박 252척을 발주하는 것이다. 이 조치가 조선·해양산업 회생의 근본적 처방은 되지 못한다. 오로지 현재의 고통을 덜어주는 임시방편적 조치일 수밖에 없다. 그러면 혁명적이고 근본적인 조치는 무엇일까?

그동안 조선은 돛단배, 증기선, 디젤선으로 발전해왔다. 이 과정에는 혁신적인 새로운 추진 기술이 채택되었다. 기존 세력의 저항, 신기술의 위험성, 신규 시장 개척 애로 등의 난제가 도사리고 있었지만, 혁신적인 우위성 신기술을 선택하고 활용함으로써 선박 운영 경제성이 획기적으로 호전되고, 이로 인해 모든 장애물을 극복할 수 있었다. 이런 관점에서 선진국에서는 이미 물밑에서, 디젤엔진을 원자력엔진으로 대체하는 문제가 국가 차원에서 검토되고 있다. 왜 하필이면 거부감이 많은 원자력일까? 기존 원전보다 1000배 이상 안전성이 높고, 물 대신 금속 냉매의 자연냉각 방식인 밀봉형의 소형 모듈형 원전(SMR)이 출현했기 때문이다.

SMR은 혁신적인 선박 추진체로, 러시아가 50년 이상 핵잠수함에 사용해

왔다. 그동안 선박 엔진으로서 기술성, 안전성이 입증됐다. 특히, 세계 원전 전문가 모임인 제4세대 원전포럼(Gen4)에서 가장 우수한 원전으로 선정되었고, 오바마 대통령도 가장 안전한 에너지원이 될 수 있다고 공인했다. 이미 SMR이 장착된 핵잠수함이 450척 이상이고, 그 외 쇄빙선, 군용 선박 등에 SMR 1000기 이상이 장착되어 실용화됐다.

오늘날 우리 산업이 이만큼 발전하게 된 원동력은 무엇인가? 그것은 선진국이 개발한 원천기술을 신속히 활용하여 한발 앞서 상용화하는 국민적 특성 때문이다. 필자가 30년 전 국회에서 해양개발기본법을 제정 입법했던 것도 해양 강국의 꿈을 펼치기 위함이었다. 이제 세계 조선·해양산업은 새로운 조선을 출산하기 위한 진통을 겪고 있는 셈이다.

일반적으로 원자력 추진 선박은 디젤엔진 선박과 비교하면 월등한 장점을 가지고 있다. 무엇보다 선적량, 운송 속도, 운송비 등에서 최소 2배 이상 유리하기 때문이다. 이제 우리 조선산업이 원자력 추진 기술을 신속히 도입하여 조선산업의 혁명적 변화를 보여줄 때다. 이를 통해 우리의 조선해양산업 재생으로 청년 일자리를 만들고, 지식사회의 해양경제 강국으로 부상할 때다.

원자력발전 조선산업으로 해양경제에 활력을!

인류 경제는 일종의 "놀음"판이라고 한다. 놀음판 고수는 판돈이 제일 큰 도박판에 몰두한다. 인류경제의 제일 큰 판은 에너지경제, 두 번째가 식량경제, 세 번째가 산업경제다. 오늘 우리 수출 주력 분야인 전자 · 자동차 등이 1,550억불 수준인 반면, 에너지 수입은 여전히 1,750억 불 수준이다. 에너지경제의 주도권이 지금까지는 자원에너지 분야에 있었지만, 점진적으로 기술 즉, 대체에너지 개발 촉진으로 바뀌고 있다. 따라서 그 중심에 원자력에너지가 부상했다. 그러나 후쿠시마 원전사고 이후, 국제원자력기구는, 발생빈도와 강도가 점차 증가하는 지진과 해일 때문에, 현재의 대형원전에서 중소원전형태로, 그리고 특히 냉각방식, 발전공간설계, 핵폐기물 발생량 등 총체적 안전성이 기존 대형원전의 1,000배 이상인 소형모듈형원전 즉, SMR 형태를 적극 권장하고 있다. 이러한 SMR은 러시아가 지난 50년 이상 핵잠수함에 사용하면서, 기술의 안전성이 입증된 셈이다. 지금까지 핵잠수함 450척 이상, 쇄빙선과 군용선박 등에 SMR 1,000기 이상을 장착 · 실용화 하였다.

또한, SMR은 차세대 원전 전문가 모임인 Gen4와 미국의 오바마 대통령으로부터 가장 안전한 친환경 대체에너지로 공식 인정되었다. 바로 이 부분을 우리는 어떻게 활용 할 것인가? 우리경제가 고속성장이 가능했던 저변에는 우리국민의 특성 때문이다. 선진국들이 개발한 원천기초기술을 혁명적으로 신속히 상용화하는 자질 때문이다. 이 같은 국민적 자질을 살려서 에너지경제 놀음판에 판돈을 장악하자. 이를 위한 전략적 산업이 바로 원자력발전 조선산업이다. 우선적으로 현재의 디젤엔진 선박을 원자력추진 선박 즉, SMR 엔진 선박으로 발전 · 개발한다면, 추진력, 화물선적공간, 경제성 면에서 엄청난 변화를 가져올 것이다. 더불어 최종적으로, 이 선박에 중소형 SMR 원전 몇 기를 병렬로 장착해서 해상의 이동성 원자력발전 선박을 주력 조선산업으로 부활시키면, 에너지경제와 해양경제의 양면에 새로운 변화를 가져올 것이다.

이 같은 혁명적 상용화는 현재의 정치, 행정, 국민정서로선 거의 불가능한 일이다. 오늘의 우리사회는 비전문성이 전문성을 지배·관리하고, 현재중심의 상식적 사고가 미래지향적인 창의적 사고를 추월하고 있다. 우선 우리의 관심을 안방에서 글로벌 관점으로 돌려보자. 인류역사는 교통, 통신수단의 고속화로 발전해 왔다. 선박의 경우는, 풍력의 돛단배에서 증기선이 개발되면서 산업혁명이 일어났다. 이제는 디젤엔진 선박으로부터 원자력추진 선박으로 조선산업이 발전할 단계에 왔다. 이미 군용선박 등은 원자력이 중심으로 급속히 확산되고 있다. 가령, 필요한 장소와 시간에 맞춰 전력을 공급할 수 있다면, 얼마나 효율적이고 편리할까? 미국은 1960년대 파나마운하 도크의 효율적인 운영을 위해 10MW급 소형원자력 발전 선박을 건조해서 활용했다. 그때의 원자력발전기술은 오늘의 대형원전과 유사한 안전성의 문제 때문에, 결국 상용화되지 못했다.

최근에는 우리사회가 격동하는 동안, 중국은 남중국해 일대의 유전 가스등 해양 자원 개발을 위해, 이미 SMR 원자력발전 선박 20척 정도를 건조하는 조선산업 발전 계획을 세웠다. 그러나 우리가 스마트폰처럼 재빨리 스마트하게 상용화하면, 분명 에너지경제의 주도권을 쥐게 될 것이다.

무엇 때문일까? 인류생존의 필수품인 에너지를, 삼성 갤럭시처럼 공급할 수 있다면, 수많은 에너지시장을 우리가 장악할 수 있을 것이다. 육지·바다·하늘의 무한대 공간 개발에 필요한 에너지를 이동하면서 공급할 수 있기 때문이다. 가령, 육지의 경우도 낮에는 산업단지에, 밤에는 관광·유흥지역으로 이동하면서, 에너지공급이 가능하다. 황금 같은 중요한 시기를 놓치면, 세월호처럼 국가경제의 침몰사고를 초래할 가능성이 높다. 새 정부는 불행한 과거를 되풀이하지 않게, 우울한 조선산업에 혁명적 전기를 마련했으면 한다.

원전 핵폐기물 처리기술을 거대 에너지경제의 상륙거점으로!

인류 최대 규모 경제는 에너지 시장이며, 최선의 에너지원은 원자력이 될 수밖에 없는데, 방사성폐기물 처리가 걸림돌이 되고 있다. 이 같은 장애물을 극복하는 나라가 에너지경제대국이 될 수 있다는 것이 전문가 판단이다. 우리 국민의 머리와 도전적 정신이 우리의 유일한 부존자원이다. 우리 전문가들의 이 같은 능력은 에너지경제의 인천상륙작전이 될 수 있다.

2차세계대전 종반부에 일본의 무조건 항복을 받아낸 것은, 히로시마와 나가사키의 원자폭탄 한방이었다. 이때 미국은 두 도시가 최소 100년 이상 인간생존이 불가능한 폐허의 도시가 될 것으로 생각했다. 그것은 원폭 실험장인 네바다 사막이 방사능 폐허 현장이기 때문이다. 그러나 놀랍게도 10개월 만에 생물생존 가능 지역이 되었다. 25억년전에 지구는 방사능으로 둘러싸인 병든 지구였지만 지금은 건강한 녹색생물의 건강한지구가 되어있다. 지구물리학자들은 수천종의 복합미생물들이 병든 지구와 원폭 두 도시를 건강히 만든 주치의라 주장하고 있다.

특히 후쿠시마 원전사고 때, 당시 간나오또 일본총리께 후쿠시마 현장에서 미생물실험을 건의했다. 1년 뒤 후쿠시마 방사능 오염 토양에 대한 복합미생물의 방사능 제염실험이 실시되었다. 그 결과 2주간실험으로 방사능의 70% 이상 제거되었다는 사실을 international press interviews에서 밝혔다. 사실 원자력폐기물을 원자력전문가들은 원자력 공학적으로 처리하기위한 노력을 열심히 했다. 즉 고준위 방사능물질을 파이로그린 방법으로 중저준위로 만들어 유리알에 용융해서 사막지하에 매립했다.

미국은 네바다, 중국은 고비사막에 매립이 가능하지만, 우리는 1조 7000억으로 만든 경주의 폐기물 저장고에 보관중이다. 이제 추가로 저장고를 만들어야할 입장이다. 문제는 원자력폐기물을 복합미생물로 자연화 시킨 역사적 사례가 있는데도 실용화모델이 만들어지지 못했을까? 그 이유는 너무나 간단하다. 원자력폐기물처리도 원자력전문가영역이라는 고정관념 때문이다. 미생물 등 바이오전문가들이 원자력폐기물의 국책과제에 응모하면, 원자력전문가중심의 심의회에 탈락되어, 이 분야 진입이 불가능했다.

사실 원자력폐기물처리의 수익성은 투자대비 원자력발전의 최소 3배 이상이며 그 시장은 원자력발전 산업과 정비례할 수밖에 없다. 만약 복합미생물의 원자력폐기물처리 기술이 개발 확립되면, 신규거대 환경산업시장의 확보는 물론 지구촌 환경개선으로 노벨상 수상은 당연할 것이다. 이 같은 역사적 영광이 가능할까? 이를 뒷받침하기위해, 5월18일에 관련 국제학술회의 개최가, 세계최초로 한국에서 추진 중이다. 기초과학연구 분야에서, 러시아, 프랑스, 우크라이나, 일본 등의 학자들이 미생물에 의한 원소 변환연구가 이미 일부 성공한바있다. 말을 소로 바꾸는 원소변환이 가능하다면, 방사성 동위원소라는 소위 깡패말을 자연 동위원소라는 순한 말로 바꾸는 일은 훨씬 용이할 것이다.

오늘날까지 우리산업경제발전의 핵심은 우리의 천부적 재능이다. 선진국들의 첨단 기초기술을 활용해서 상용화시키는 재능이다. 이제 핵폐기물처리의 상용화 기술개발에 바로 이 재능을 활용할 때다. 이 분야 기초연구학자들을 한국으로 초청해서, 그 머릿속의 기술들을 강력한 탈수기로 추출해서 상용화하기 위함이다.

이미 우리도 연구재단 도움으로 기초, 바이오, 미생물학자들 공동으로 연구에 착수해서, 선진기술들의 소화 응용 상용화를 위한 기본준비가 되고 있다. 이분들의 공통된 의견들이, 착수당시는 1% 성공가능성이었지만, 이젠 60%이상 가능성을 확신하고 있다는 점이다. 이 국제학술회의에는 해외전문가들도 호기심을 가지고 즐겨 참여하고 있지만, 특히 국내전문가들은 애국적 열정으로 참여하는 모습에 주변사람들이 감동하고 있다.

오늘 우리사회는 국내외 격랑에 요동치고 있다. 또한 실물경제는, 4차산업혁명과 지식경제의 급격한 변혁에 몹시 불안한 환경이다. 이럴 때 일수록 가장 중요한 기본은 국가경제력이고, 이를 뒷받침하는 가장 확실한 것은 국가과학기술력이다. 아무쪼록, 극한 복합미생물로 이용한 방사성폐기물의 처리기술개발과 관련 국제학술회의가 국가과학기술력 강화에 일조가 되었으면 한다.

초소형 핵융합 드디어 실용화 단계!

심각한 인류생존의 환경문제 속에서 가장 이상적인 에너지원은 무엇일까? 바로 태양의 핵융합 에너지이다. 우주의 대부분을 구성하는 수소가 태양의 내부에서 융합하면서, 태양은 수십억 년 동안 무공해 에너지를 공급하고 있다. 인류의 최후 에너지는 궁극적으로 이 핵융합 에너지가 될 것이다. 환경에 전혀 해를 주지 않고, 핵융합 연료가 되는 중수소도 바닷물 속에 거의 무한정 존재하기 때문에 고갈될 염려도 전혀 없다.

핵융합은 원자핵의 구조를 변화시킬 때 발생하는 막대한 에너지를 이용하는 것이다. 우리가 잘 알고 있는 아인슈타인의 상대성 원리가 핵융합에서 발생하는 에너지를 설명하는 근거가 된다. 가벼운 원소의 원자핵이 융합하면서 다른 원소로 바뀌는 핵융합 과정도 핵분열처럼 질량이 감소되는데, 이 감소된 질량이 에너지로 바뀐 것이다.

지금까지 연구가 지지부진했던 이유는, 태양의 핵융합 환경을 만드는 것이 가령, 1억도 이상의 초고온 플라즈마를 만들어 활용해야 하는데, 이 온도를 견딜 수 있는 연구시설의 재료 등 여러 초고난도의 기술이 필요하기 때문이다. 따라서 오랜 연구기간과 막대한 연구투자 때문에 국제적인 공동연구가 필요하게 되었고 우리나라 등 7개국이 공동으로 ITER라는 핵융합기술개발 프로젝트를 추진 중이나, 실용화는 아직도 요원하다. 2040년대에 시험 핵융합 발전을 한다는 계획이다.

지금까지는 경제성 때문에 중대형 규모의 핵융합 연구를 꾸준히 해왔다. 그러나 경제성을 고려하지 않는 미국방성 DARPA 연구에서 드디어 초소형 핵융합 기술이 개발되었다. 이는 야전 작전에 필요한 획기적인 이동용 발전 장비를 구상했기 때문이다. 그 결과 중수소를 사용하는 1MW 미만 급의 초소형 핵융합기술 개발에 성공했다. 벤처기업에서 시제품을 만들어 미방위고등연구계획국(Defense Advanced Research Project Agency)의 검증을 거쳐 실용화를 추진 중이다. 특히, 국가적 행운을 업고 관련 벤처기업과 우리나라 간의 협력관계가 이루어졌다.

우주 에너지인 태양의 핵융합 철학을 소우주인 인간에게 적용하면, 핵분열은 투쟁의 에너지이지만 핵융합은 사랑의 에너지에 해당된다. 투쟁은 집단의 대규모의 방식이지만 사랑은 집단적, 강제적으로 이루어지지 않는다. 남녀가 개별적으로 접촉하는 빈도와 공간이 점차 좁아지면서 융합의 감성적 극초고온 상태에서 새로운 생명체가 출생하면서 오늘의 인류사회가 형성되었다.

놀랍게도, 남녀가 은밀하게 초소형공간에서 사랑을 나누는 것처럼, 초소형 규모 핵융합 연구가 진행되어 왔다. 그 결과로 초소형 핵융합로가 신생아처럼 출산되었다. 작은 양의 플라즈마를 점차 좁아지는 나선형의 파이프를 통해 접촉하는 빈도와 온도가 상승하도록 하면서 남녀 간 사랑의 융합 온도처럼 자체적으로 융합 온도에 도달하도록 만들었다. 이것은 남녀 간 사랑의 융합 과정과 비슷하다. 남녀가 사랑할수록 만나는 빈도가 빨라지고 점차 뜨거워지면서 융합 반응을 하는 것과 같다. DARPA 기술은 그런 점에서 사랑의 에너지를 본질적으로 실현한 것이다.

앞으로 지속적으로 핵융합 기술의 안정과 규모의 소형화 등이 이루어지면, 소형 자동차 엔진이나 분산전원 등 그 적용분야가 무궁무진하기 때문에 에너지 분야에 혁명적인 변화가 예상된다. 더욱이 글로벌 경제의 규모 중 에너지 경제가 가장 크고, 다음으로 식량경제와 산업경제 순이다. 이처럼 에너지경제가 글로벌 경제의 최대 규모를 차지하고 있다. 따라서 축소된 태양과 같은 에너지원인 핵융합 기술은 삼성의 스마트 폰처럼 소위 "초소형 스마트 에너지원"으로써 세계의 에너지 경제의 큰 몫을 우리의 것으로 만들 수 있다.

폐기물처리를 위한 꿈의 기술은 무엇인가

만약 집안에 쓰레기며, 똥통의 냄새가 진동한다면, 집안 식구들의 기분과 건강은 어떻게 될까? 오늘날 산업선진국들의 최대 고민은 국민안전과 건강을 위한 폐기물 처리문제이다. 설상가상으로 인구밀집 도시 지역에는 생활 폐기물이 넘치고 있다. 한때 우리나라도 플라스틱 비닐 등 난분해성 산업 폐기물을 개도국으로 수출했다가, 그 나라 환경단체와 국민들의 비난과 반발로 다시 우리에게 반송되어오는 외교적 창피를 당하기도 했다. 물론 바젤협약은 폐기물의 국가 간 이동을 원천적으로 금지하고 있다. 따라서 앞으로 세계적인 성장바이오 산업은 폐기물처리 산업이 될 것으로 전망하고 있다. 사람은 똥오줌을 스스로 정리하고 청소하지만, 동물은 그대로 방치해버린다. 인간의 이 같은 장점이, 바젤협약의 기본정신이다. 폐기물의 양이 계속 증가하고, 악성 미생물에 의한 부패가 심해지면, 악취는 물론, 병원성 바이러스발생의 온상이 된다. 이는 바로 동물의 각종 병원성 구제역과 인간의 악성 바이러스질병의 진원지가 될 수 있다. 현재 가장 보편적인 처리방식은 지하 매립, 화학적 분해방식, 고열의 연소방식, 플라즈마처리방식 등이 있다. 플라즈마방식 외에는 환경문제가 발생하게 되고, 플라즈마 등 친환경 고급기술은 처리비용부담이 매우 높다. 친환경성도 뛰어나고, 경제성도 뛰어난 기술이 있다면, 이것이 바로 폐기물처리를 위한 꿈의 기술이 될 수 있다. 돌이켜보면, 지구에 생물이 존재하면서부터, 식물이든 동물이든, 반드시 배설 물질은 생기게 마련이고, 태고 때부터 배설물, 즉 폐기물이 처리되지 않고, 그대로 방치되었더라면, 오늘의 지구환경은 어떻게 되었을까? 그러나 지구환경은 녹색의 천연건강 환경이 그대로 보존되고 있다.

태고 때부터 오늘날의 폐기물처리기술은 전혀 없는 상태였는데, 무엇 때문에 이렇게 깨끗하게 배설 물질이 처리되었을까? 그 해답의 주인공은 지구상에 존재하는 수천만 종류의 복합미생물군이라는 점, 이점은 모든 과학자들이 인정하는 진실이다. 물론 복합미생물에 의한 폐기물의 자연화처리과정에는 자연계의 태양광, 공기, 물, 미네랄 등이 보조적 역할을 했을 것이다. 가장 큰 궁금증은 어떻게 미생물이 다양한 물질로 구성된 폐기물들을 분해해서 자연화처리가 가능했을까 하는 점이다.

최근 선진국에서, 미생물에 의한 원소변환실험의 성공사례가 전문지에 발표되었다. 또한 복합미생물에 의한 핵폐기물의 자연화처리에 대한 일부성공 사례도 발표되었다. 미생물들이 A라는 원소를 B라는 원소로 변화시킬 수 있다는 가설에 의하면, 호기성 미생물은 양자를, 혐기성 미생물은 전자를, 통기성 미생물은 중성자를 에너지로 섭취하기 때문에, 원소내의 양자, 전자, 중성자의 구성비가 변할 수 있고, 이로 인해 복합미생물에 의한 원소변환이 가능할 수 있다고 한다. 만약 미생물이 이같이 원소를 변환시킬 수 있다면, 원소로 구성된 분자, 즉 폐기물질 구성성분도 미생물들이 분해 · 변화시킬 수 있을 것이다. 그러면 폐기물 분자도 자연화로 분해할 수 있다는 논리가 성립될 수 있다.

그렇다면 지구상에서 미생물은 과연 어떤 존재일까? 전체 생명체의 중량비로 보면, 놀랍게도 미생물이 60%이상이라고 한다. 그러면 미생물이 지구 생물계의 다수당 즉 집권여당인 셈이다. 약25억 년 전에는 방사능과 독가스로 둘러싸인 병든 지구였는데, 오늘의 녹색건강 지구를 만든 "주치의"가 바로 미생물이라 점은, 지구 물리학자들의 공통된 주장이다. 특히 봄이 되면, 토양미생물들이, 토양을 어머니 자궁처럼 만들어서, 봄에 새싹이 돋아나게 한다. 그래서 미생물을 자연계의 "산모"라고 칭한다. 그러면 지구생물계에서 집권여당, 주치의, 산모의 3역을 하는 미생물이, 만능기술자이기에 폐기물처리를 위한 꿈의 기술도 미생물기술로 귀착하게 된다. 오랜 전통의 미생물기술에, 생명체를 활성화하는 음이온, 원적외선, 초전도자장, 각종 생명활성수 등을 활용하고, 4차 산업혁명 기술이 보조 역할을 하게 되면, 폐기물처리를 위한 복합미생물기술은 인류건강복지 기술로 등장하게 될 것이다.

아랍의 오일머니를 한반도로!

"아랍권의 희망찬 미래 산업은?"

거대생물인 지구가, 온난화, 해일, 지진, 악성바이러스 등 건강상태가 악화되면서, 자원에너지산업은 점차 쇠퇴할 수밖에 없다. 아랍권은 지금부터 새로운 산업을 탐색 할 수밖에 없다.

1. 과연 바이오산업이 아랍권의 새로운 희망인가?

지구촌은 노령화사회 추세로 변모하고 있다. 또한 생활환경과 음식물이 오염되면서 각종 질병이 창궐하고 있다. 따라서 바이오산업이 급속히 부상하고 있다.

2. 아랍권의 숙명적인 바이오산업 파트너는 어느 나라일까 ?

남녀, 밤낮, 음양은 정과 반의 관계이기 때문에 새로운 창조의 합으로 발전한다. 이것이 바로 천지창조의 자연법칙이다. 따라서 황량한 사막과 오일 그리고 초목강산과 물, 이같이 서로 다른 자연환경은, 너무나 정과 반의 입장이다. 따라서 합으로 발전할 운명적 관계가 아랍국과 한국이다. 그동안 아랍개발에 초목강산의 한국인이 얼마나 기여했던가! 결국 한국과 아랍국이 숙명적으로 바이오산업 파트너가 될 수밖에 없고, 이로 인해 바이오산업이 천지창조수준으로 발전 할 것이다.

3. 어떤 특허기술이 바이오산업을 창조할까?

이제 노령화사회관련 질병을 다스릴 수 있는 근본기술은 무엇일까? 치매 등 중추신경계질환조직을 재생시킬 수 있는 생명공학기술은 무엇일까?

노벨상이 만능줄기세포연구에 돌아간 이유는 무엇일까? 진시황이 왜 불로초를 갈구했을까? 이 같은 질문들의 공통해답이 결국 줄기세포연구로 귀결된다. 결국 줄기세포연구로 얻은 가장 뛰어난 특허기술이 바이오산업을 신천지로 인도할 것이다.

4. 그동안 줄기세포연구는 어떻게 발전해왔는가?

줄기세포기술연구를 지구상에서 최초로 꽃피기 시작한곳은 동방의 횃불 한반도 그리고 그 주인공은 배달민족이었다. 태반줄기세포에서 시작했고, 일본이 만능줄기세포로 노벨상을 받았지만, 현재 임상과 치료에는 자가 성체줄기가 비교적 광범위하게 활용되고 있다. 이 기술의 핵심은 자가줄기세포를 미세하게 대량 배양하는 기술이다. 항원항체의 거부반응을 배제하고 유효성과 안전성을 담보하기위해 자가줄기세포를 배양해서 자가 몸속에 정맥주사로 임상에 적용하고 있다. 그러나 면역거부반응이 없는 줄기세포연구가 한 단계 발전하고 있다

5. 한 단계 발전된 줄기세포는?

현재 임상 치료에 활용되는 자가줄기세포의 단점은 자가 외에 타가 즉 타인에게는 면역거부반응 때문에 사용할 수 없다는 점이다. 따라서 대량배양 즉 대량생산에 의한 비용저렴화가 어렵기 때문에 산업성이 취약하고, 경제적 약자에게는 임상 치료를 베풀 수가 없다. 이 문제를 극복한 세계적 특허가 바로 Nonshell'd stemcell이고 이를 연구개발 및 임상완료한분이 한국의학박사인 김영실박사이시다. 줄기세포연구의 미래는 Nonshell'd stem cell의 다양한 연구에서 희망적인 전개가 펼쳐지게 될 것이다.

6. 앞으로 Nonshell'd stemcell의 발전방향은?

1) 기본적으로 Nonshell'd 즉 껍질이 없는 알몸이기 때문에, NK Cell 등 우리 몸 안의 특수방어Cell과 융합하여 부작용 없이 치유할 수 있는 임상분야를 개척할 것이다.

2) 수많은 약용 식물세포도 껍질을 벗겨 즉 치매관련 유효성분을 함유한 구기자, 원지, 갈대 등의 식물성분과 융합시켜, 부작용은 적게 그리고 약작용은 크게 만드는 신약개발의 새로운 분야를 개척할 것이다.

3) 난치성 질환 및 유전성질환 경우, 줄기세포내의 재생인자와 성장인자가 해당 질환세포의 병원성 인자와 직접 협상 타협 합의 융합 하면서, 악성 병원성인자를 음성으로 변화시켜, 병증상이 표출되지 않게 만드는 새로운 임상영역도 개발될 것이다.

4) 그 외에 몸 밖은 화장품 등 외용제 개발 그리고 몸속은 유전성과 면역성 등과 융합하여 다양한 치료제를 개발 할 것이다. 또한 몸 안의 우군과 반

군에 평화 외교 사절단역할을 부여하여, 임상 치료 면역 보건 분야에서 새로운 약물을 개발하게 될 것이다.

7. 앞으로 아랍인과 한국인이 바이오산업의 파트너가 된다면, 이 분야를 주도 할 수 있을까?

아라비아 숫자와 아라비아 상인의 천부적 자질과 한국인의 고도산업화 능력 그리고 케이 팝과 강남스타일의 예술적 창의성이 융합하면, 바이오산업의 새로운 세계주류가 될 것이다. 아랍권이 한국에 바이오 임상 치료 연구소를 투자설립하고, 아랍에 임상치료용 병원을 설립한다. 아랍은 연구개발 예산을, 한국은 연구개발두뇌를 공급한다. 아랍권의 임상치료 의사 양성은 한국에서 전담한다. 아랍권은 세계 각국에 오늘의 주유소처럼 전문 병원을 설립운영 한다. 이는 4차산업혁명을 이용하는 지식산업 즉 바이오산업의 명 커플이 탄생하게 될 것이다.

제3의 건국! 특허 두뇌 입국!

봄이 오면 구석구석에서도 새싹이 돋고 꽃이 되게 마련이다. "민생, 약속, 대통합, 문제는 한국 경제의 봄을 만들면 해결 할 수 있는 환경이 조성된다.

21세기가 무형의 지식재난 경제 시대 일은 너무나 상식적인 이야기다. 그러나 기업과 국가 들 중, 대부분은 이 같은 상식을 외면하며, 겨울 경제에 떨고 있다.

제1의 건국은 자유 민주 입국. 제2건국은 기술 입국, 이제 제3건국은 특허 두뇌 입국! 지식 재단 즉 특허로 봄을 맞이하는 기업과 국가를 찾아보라. 아베 집권 전에 최근 1년간 니케이 주가 지수가 14%나 폭락하고, 소니, 샤프, 마쓰시타 등 시계적인 전자 회사들이 엄청난 적자에 허우적거리고 있다. 이 같은 와중에 오히려 주가가 무려 43%이상 오른 괴짜 기업이 있다. 주인공은 바로 히타치이다. 무엇이 이 같은 특이 현상을 가능하게 했을까?

연구 개발비, 연구인원, 투자비등에서 경쟁사에 턱없이 부족했지만, 어떠한 경쟁사와 겨루어도 필승을 하게 되는 경영비법이 있다. 그 핵심은 철저한 특허 경영 전략이다.

첫째, 사업규모나 매출 등에 상관없이, 경쟁사에 이길 수 있는 전략 특허가 없으면, 해당 사업부서장을 문책하고, 과감히 사업을 포기했다.

둘째, 감사부서는 회사의 사업리스크 관리 차원에서 필승 전략 특허의 확보 여부를 정기적으로 철저히 감사, 즉 특허 감사를 시행 했다. 즉, 사업관리와 감사를 전략특허 경영 차원에서 빈틈없이 점검했다.

대부분의 기업들은 매출과 이익 목표관리 차원에서 경영할 뿐 아니라, 감사는 주로 회계 감사에 치중하는 편이다.

요약 하면, 히타치는 지식경제 시대의 재난관리 경영인 셈이다. 따라서 히타치는 어느 경쟁사와도 필승을 하는 특이 현상이 가능했다. 국가의 경우는 어떨까 오바마 집권 1기 시작 때, 금융위기, 실업위기, 재정위기 등 총체적 구각 경제위기 상황이었다. 그러나 집권 4년 동안 실업률은 줄어들고 새로운 고급 일자리가 늘어나고, 경제도 유럽 경제 위기 속에서도 2%이상의 성장을 기록했다. 덕택에 집권 2기가 가능했다.

무엇 때문일까? 오바마 대통령은 새로운 지식 재산권이 많이 창출되면, 새로운 일자리, 새로운 산업, 새로운 지식 경제가 가능하다고 확신 했다.

먼저 특허청의 특허 심사를 효율적인 신속 심사를 할 수 있도록, 특허청장은 특허 1위 기업인 IBM의 특허 책임자를 임면하고, 특허청조직과 심사관을 대폭 강화 하며, 특허 심사 속도를 2배 이상 신속히 만들었다. 또한 250년만 고수해 왔던 선발명주의를 선출원주의로 법 개정을 하여 출원을 가속화 시켰다.

특히 백악관에 지적재산권 집행 조정관이라는 자리를 만들고, 법무부를 관련 부처들이 행정적 지휘를 받도록 막강한 권한을 부여 했다. 현지 언론들은 지적 재난 황제라는 별칭을 주기로 했다 또한 지적 재난이 창의적 머리에서 나오기 때문에 외국의 창의적 두뇌로서 STEM(Science, Technology, Engineering, Math) 분야의 젊은이들에게는 영주권과 시민권을 부여 하도록 이민법을 개정하며, 두뇌 영토 확장을 과감하게 시도했다. 이 같은 오바마 대통령의 행정 개혁은 지식경제 국가를 건설 하겠다는 강한 정치적 의지에서 비롯되었다. 이로 인해 새로운 일자리 창출, 실업률 감소, 경제 호전 등이 세계경제의 불황속에서도 히타치처럼 예상을 깨고, 결국 재선에 성공하는 기반을 만들었다.

히타치와 미국, 기업과 국가도 특허 전략경영이 산업 경제의 늪을 탈출해서 지식경제를 만드는 성공의 공통점이다. 삼성과 애플의 특허 분쟁은 영토 전쟁에서 특허 전쟁으로 변하는 시대적 개막전에 불과하다. 특허전쟁에 패배하면, 공장은 문을 닫고, 근로자는 실직하고, 공장 주변의 음식점, 술집, 가게도 서서히 문을 닫게 되면, 많은 사람들이 생존의 일터를 잃게 된다. 이번 대선의 핵심쟁점인, 서민경제, 일자리 창출 등의 해결도 특허전쟁에서 그 실마리를 찾아야 한다.

최근 싸이의 강남스타일, K팝, 온라인 게임, 연속극 등 한국의 무형 지식재산 경쟁력은 단군 역사 이래 최고인데, 이를 국가가 특허전쟁의 지적 무기로 육성, 보호, 활용하며, 해외시장 진출을 독려하면, 자연히 고용촉진, 소득증대의 기회가 확대될 수밖에 없다. 현재 우리의 지식재산 경쟁력은 어떤가? 국내 출원 중심의 총 특허출원건수는 상위권이지만, 해외에서 이기는 사냥개 같은 핵심 전략 특허는 중하위에 속한다. 아직까지 우리 정부가 한국인의 무한한 두뇌 창의력을 국가경쟁력 제고에 활용하지 못하고 있다. 새 정부가 정부 조직을 지식재산 창출, 육성, 보호 조직으로 거듭나게 하고, 국민의 갈등에너지는 창의에너지로 바꾸어서, 창의적 국민두뇌에서 지식재산이 창출되게 국민발명정신운동을 전개한다.

고용의 83%를 점하는 중소기업들은 독일을 능가하는 특허전문기업으로 거듭나게 만들면, 중산층 살리기와 일자리 창출은 상당한 수준으로 해결될 것이다. 이를 위해 정부조직, 국방체제, 금융제도, 세제 등 관련 조직과 법 체제를 지식 국가형으로 새 틀을 짜면, 제3의 건국 즉, 특허 두뇌입국이 가능하고, 대통령 당선자의"민생, 약속, 대통합"도 임기 내에 성취될 수 있을 것이다.

창조형 경제생태계가 시급하다

현 정부가 내놓은 최고의 화두는 단연 창조경제다. 세계 여러 국가들은 창조경제에 대한 박근혜 대통령의 뚜렷한 정치적 신념을 들으면서, 한국이 앞으로 세계에서 선도적인 혁신국가가 될 것이라 믿고 있다. 우리 국민 또한 창조경제 실천으로 서민경제가 하루빨리 좋아지기를 기대하고 있다. 하지만 지금 우리의 현실은 과연 어떠한가?

대부분의 중소기업들은 어려운 경영에 봉착해 있고, 경제 내면에는 돈이 꽁꽁 움츠려서 금융의 혈액순환이 잘되고 있지 않는 상황이다. 결국 매출은 감소하고 기업 활동이 활력을 잃으면서, 경제 피로감이 축적되고 있는 것이 오늘의 현실이다. 지금은 창조경제의 초기단계이기 때문에 오늘의 경제현실을 정확히 진단하고 창조경제 실천처방을 구체적으로 제시할 때다. 머리 좋은 우리 국민의 역량으로 차곡차곡 창조경제를 실현하면, 한국은 분명 지식경제의 혁신국가가 될 수 있다. 이를 위해서는 무엇보다 서둘러 창조경제형 자연생태계를 만들어야 한다.

대자연의 생태계를 보면, 봄, 여름, 가을, 겨울이 변화와 순환을 계속하면서 새로운 생명력이 샘솟게 한다. 가령, 봄은 창조의 계절, 여름은 성숙의 계절, 가을은 결실의 계절, 겨울은 사색의 계절인 셈이다. 창조의 계절인 봄에는 씨앗을 뿌리고, 퇴비를 주고, 알뜰히 정성을 베풀어 싹이 트게 한다. 즉 남녀관계로 보면, 서로 애정을 주고 격려하면서 서로의 사랑으로 결혼하고 융합하는 계절이다. 여름은 식물이 무럭무럭 자라서 풍성한 열매를 성숙시킨다. 마치 남녀가 안정된 가정을 꾸려 아기를 출산하고 직장생활을 성실하게 하는 것처럼 성숙단계가 된다. 가을은 추수를 하여 시장에 내다팔고, 그 돈으로 세금도 내고, 아들을 군에 입대시키면서, 국가적으로 납세와 국방의무를 충실히 하는 결실의 계절이다. 겨울은 다시 창조의 봄맞이를 준비하는 연구형 사색의 계절이다. 결국 거대한 자연생태계나 자연의 분신인 인간생태계는 지극히 닮은꼴이다. 우리는 이러한 자연생태계를 보면서 창조경제를 꽃피울 경제생태계를 꼼꼼히 정리해야 한다.

첫째, 가장 중요한 것은 봄의 생태계를 만드는 전략을 세워 이를 실천하는 일이다. 즉 사회 전체적으로 서로간의 사랑과 신뢰가 교감되도록 봄의 분위기를 조성해야 한다. 개체가 다른 성인남녀가 사랑으로 융합하는 것처럼, 자금, 정보, 광고, 유통이 서로 호감을 가지고 자진 협력해서 융합하게 된다. 이 과정에서 자연스레 창업이 가능해지고, 중소기업도 활력을 얻게 될 것이다. 법 운용에 있어서도 인체관리처럼 잘못된 환부를 최소한으로 수술하고, 수사와 구속을 확대하는 것보다는 그동안 잘했던 부분을 창조적으로 격려해서 더욱 잘하도록 활력을 불어 넣어야 한다. 지식사회의 주인공인 머리는 야단치기보다는 적극 칭찬을 해야 새로운 아이디어가 샘솟기 때문이다. 이것이 바로 지식경제의 창조형 법 운용이다. 특히 복지예산을 결실의 계절인 가을에 마련하도록 하고 봄에는 식물에 자양분을 공급해야 하는 것처럼, 우선적으로 돈이 창조경제에 집중 또는 유통되도록 해야 한다.

둘째, 정부조직이 창조형 체질과 두뇌가 되어야 한다. 스티브잡스의 창조형 아이디어가 조직에 침투하면서 활력이 샘솟게 되었고, 애플의 창업과 도약을 가능케 했다. 따라서 인체의 머리에 해당하는 정부 지도부는 대통령만 바라보는 관리형보다는 활달한 창조형이 되어야 한다. 설사 머리인 장관이 극히 창조적 아이디어를 제시하더라도, 정부의 몸통인 관료조직은 오랜 경험을 바탕으로 이를 잘 다듬어서 실천하기 때문에 자연히 머리와 몸통은 조화를 이루어서 창조경제를 구현하게 된다.

역사의 대운이 한반도로 모이고 있는 지금 이 때, 아시아 다른 국가들보다 한 발 앞서 봄의 생태계를 만들어 경제의 새싹이 돋게 하고, 창조형 정부조직이 봄 날씨와 단비를 제공해서 싹이 무럭무럭 자라게 해야 한다. 즉, 인간을 둘러싸고 지배하는 거대 자연생태계에서 창조형 경제생태계의 정답을 찾아, 이를 바탕으로 국가의 지도부가 사랑을 베풀어야 우수두뇌의 우리 국민이 세계를 주도해 나갈 창조경제의 혁신국가를 꽃피울 것이다.

희망찬 미래 산업은

1. 과연 바이오산업이 새로운 희망인가?

지구촌은 노령화사회 추세로 변모하고 있다. 또한 생활환경과 음식물이 오염되면서 각종 질병이 창궐하고 있다. 따라서 바이오산업이 급속히 부상하고 있다.

2. 어떤 특허기술이 바이오산업을 창조할까?

이제 노령화사회관련 질병을 다스릴 수 있는 근본기술은 무엇일까? 치매 등 중추신경계질환조직을 재생시킬 수 있는 생명공학기술은 무엇일까?

노벨상이 만능줄기세포연구에 돌아간 이유는 무엇일까? 진시황이 왜 불로초를 갈구했을까? 이 같은 질문들의 공통해답이 결국 줄기세포연구로 귀결된다. 결국 줄기세포연구로 얻은 가장 뛰어난 특허기술이 바이오산업을 신천지로 인도할 것이다.

3. 그동안 줄기세포연구는 어떻게 발전해왔는가?

줄기세포기술연구를 지구상에서 최초로 꽃피기 시작한곳은 동방의 횃불 한반도 그리고 그 주인공은 배달민족이었다. 태반줄기세포에서 시작했고, 일본이 만능줄기세포로 노벨상을 받았지만, 현재 임상과 치료에는 자가 성체줄기가 비교적 광범위하게 활용되고 있다. 이 기술의 핵심은 자가줄기세포를 미세하게 대량 배양하는 기술이다. 항원항체의 거부반응을 배제하고 유효성과 안전성을 담보하기위해 자가줄기세포를 배양해서 자가 몸속에 정맥주사로 임상에 적용하고 있다. 그러나 면역거부반응이 없는 줄기세포연구가 한 단계 발전하고 있다.

4. 한 단계 발전된 줄기세포는?

현재 임상 치료에 활용되는 자가줄기세포의 단점은 자가 외에 타가 즉 타인에게는 면역거부반응 때문에 사용할 수 없다는 점이다. 따라서 대량배양 즉 대량생산에 의한 비용저렴화가 어렵기 때문에 산업성이 취약하고, 경제적 약자에게는 임상 치료를 베풀 수가 없다. 이 문제를 극복한 세계적 특허가 바로 Nonshell'd stemcell이고 이를 연구개발 및 임상완료한분이 한국의학박사인 김영실 박사이시다. 줄기세포연구의 미래는 Nonshell'd stem cell의 다양한 연구에서 희망적인 전개가 펼쳐지게 될 것이다.

5. 앞으로 Nonshell'd stemcell의 발전방향은?

1) 기본적으로 Nonshell'd 즉 껍질이 없는 알몸이기 때문에, NK Cell 등 우리 몸 안의 특수방어Cell과 융합하여 부작용 없이 치유 할 수 있는 임상분야를 개척할 것이다.

2) 수많은 약용 식물세포도 껍질을 벗겨 즉 치매관련 유효성분을 함유한 구기자, 원지, 갈대 등의 식물성분과 융합시켜, 부작용은 적게 그리고 약작용은 크게 만드는 신약개발의 새로운 분야를 개척할 것이다.

3) 난치성 질환 및 유전성질환 경우, 줄기세포내의 재생인자와 성장인자가 해당 질환세포의 병원성 인자와 직접 협상 타협 합의 융합하면서, 악성 병원성인자를 음성으로 변화시켜, 병증상이 표출되지 않게 만드는 새로운 임상영역도 개발될 것이다.

4) 그 외에 몸 밖은 화장품 등 외용제 개발 그리고 몸속은 유전성과 면역성 등과 융합하여 다양한 치료제를 개발할 것이다. 또한 몸 안의 우군과 반군에 평화 외교 사절단역할을 부여하여, 임상 치료 면역 보건 분야에서 새로운 약물을 개발하게 될 것이다.

7. 앞으로 한국이 바이오산업의 분야를 주도 할 수 있을까?

한국인의 고도산업화 능력 그리고 케이 팝과 강남스타일의 예술적 창의성이 융합하면, 바이오산업의 새로운 세계주류가 될 것이다. 한국에 바이오 임상치료 연구소를 투자설립하고, 연구개발 두뇌를 공급한다. 세계 각국에 오늘의 주유소처럼 전문 병원을 설립운영 한다. 이는 4차산업혁명을 이용하는 지식산업 즉 바이오산업이 탄생하게 될 것이다.

국가 발전전략 및 기타 사회문제

세계 최강의 일·한·중 3국 경제공동체를 위하여!

일한중 3국의 황인종 경제협력 공동체가 만들어지면, 백인종 집단의 EU와 NAFTA를 능가하는 세계 최강의 경제공동체가 형성 될 수 있다. 유명한 역사학자 토인비교수의 걸작 “역사의 연구”의 마지막 결론은, 인류의 갈등과 대립이, 영토와 이념대립을 거쳐, 결국 황인종, 백인종, 흑인종, 즉 혈통집단간의 갈등과 대립으로 귀결된다고 했다. 역사를 돌이켜보면, 백인종 지배층은 잠재적 경쟁권인 황인종 아시아와 흑인종 아프리카를 분리 약화시켜, 지속적인 지배구조를 유지해왔다. 황색인종의 핵심세력인, 한자문화권의 한중일 3국이 연합하면, 세계 최강의 경제권이 되기 때문에, 그 중심인 한반도를 분단시키면, 3국 연합은 불가능하게 된다. 토인비교수의 역사적 예측에 따른, 혈통집단 경제공동체 개념의 최초출발은, EU나 NAFTA개념에 앞서, 일본의 선각자인 이또히로부미가 제창한, 황인종의 “대동아공영권”개념이라고 지적하는 역사학자도 있다. 다윈의 “종의 기원” 핵심논리는, 생물계의 적자생존, 약육강식 논리로서, 인류사에도 그대로 반영되어왔다. 현재까지 황인종은, 안방에서, 한일, 한중, 중일 간의 갈등이 연속되었으며, 오늘의 한일관계도, 미래지향적이 아니고, 과거에 집착하는 감성적 갈등으로 악화되고 있다. 뭉치면 승리하고, 헤어지면 패배한다는 만고의 진리를 한일이 함께 음미하면서, 특히, 공존공영을 위한 한일의 미래청사진을 “바탕”으로 상호협력이 이루어져야한다. 따라서 “그 바탕이 될 수 있는, 한일은 물론 한일중 3국의 사랑방”으로서, “한반도의 남단”인 가덕도의 개발 타당성을 검토해보자.

첫째, 역사적으로 주변국들을 융합시키는 물류 교통중심지를 찾아야한다.

둘째, 그 같은 공통의 물류중심지는, 바로 3국 “중간위치”인 한반도의 가덕도가 가장 타당하다

셋째, 지구온난화로 북극수로가 열리게 되어, 동북아행 유럽물류가 북극해

와 동해안을 경유하게 되면, 물류비용과 시간이 3분의 1이상 절감될 수 있다. 때문에, 가덕도가 한중일의 공통해상물류지가 될 수 있다.

넷째, 현재 연구 중인 성층권 비행용 초음속 항공기(Trans Atmospheric Vehicle)가, 금명간 개발되어 상용화되면, 이로 인해 한중일과 미국 LA간이, 한시간이내로 비행 가능하다고 한다. 그러나 이착륙시의 엄청난 소음 때문에, 일본의 신오사카공항처럼 해양매립 건설이 불가피하고, 또한 일본 고베항과 중국 상해항을 삼각대로 연결할 수 있는 지역이 필요하다. 그런 점에서 가덕도가 최적의 개발타당지역이 될 수 있다.

다섯째, 새롭게 등장하는 고속항공물류와 해양물류의 상호 융합 교류지로서, 한중일 3국의 공통 물류platform이 될 수 있는 지역이, 가덕도라는 점이다. 따라서 이상의 5가지 실행조건을 가덕도가 갖추고 있다.

해양일본의 음기와 대륙 중국의 양기, 두 가지 음양을 융합하고, 또한 "5"가지 실행 조건의 "오행"을 만족시키는, 소위 동양철학의 "음양오행"을 모두 만족시키는 지역이, 바로 가덕도인 셈이다.

한국은, 이 같은 역사적 가덕도를 한중일 3국 공유 국토로 개발하자는 제안을, 과감하게 먼저 내놓아야 한다, 그러면 지금 동북아로 몰려오는 인류역사의 거대한 운세를 3국이 함께 등에 업을 수 있다. 가덕도가 3국경제권의 사랑방이 되면, "동북아 3국의 역사적 공존공영은 물론, 북한핵문제의 평화적 해결"도 가능할 것이다.

이제 가덕도 3국 공동개발의 기본청사진을 그려보자, 기본적 터전인 가덕도는 한국이 먼저 제공하고, 현재 가덕도 면적의 2배 이상인, 거대한 가덕도 해양매립공사는, "세계제일의 해양매립기술 보유국"인, 일본이 담당하고, "공사에" 소요되는 거대자본은, 주로 중국이 담당한다. 그리고 개발될 가덕도의 거대지하도시는, 중국이 세계최대 환락도시로 운영하고, 지상도시는 첨단상업물류도시로 일본이 운영하고, 한국은 가덕도 전체를 K팝, 방탄소년단 등 문화산업공간으로, 특히 4차 산업혁명의 3국 공동경영체제로 운영한다. 결론적으로, 가덕도 개발은, 토인비교수와 정치선각자들이 주장한 것처럼, 인류사의 황인종 시대를 개막하는 역사적 위업의 시발점이 될 것이다. 그런 점에서, 오늘의 한일갈등문제도, 동북아로 몰려오는 역사적 운세를 함께 등에 업고, 한일이 뭉쳐서, 한중일 3국의 황인종시대를 개막할 수 있도록, 오히려 역사적 불씨로 활용되었으면 한다.

(일본 니혼게이자이신문 게재용)

세계패권의 다극화 과정에서, 우리의 역사적 생존전략은?

오늘의 미중 패권전쟁은, 세계패권의 다극화 과정으로 보는 것이 역사학자들 견해이다. 지금까지 우리는 고래싸움에 새우등 터지는 역사적 시련을 수없이 겪었다. 강대국들은 잠재적 경쟁국들을 분단과 분리로 약화시켜서, 쉽게 지배해왔다. 한자문화권 한중일 3국이 연합하면, 세계 최강이 되기 때문에, 2차 세계대전 마무리단계에서 독일과 더불어 동북아의 중심인 한반도를 남북으로 분단시켰다는 일부 전문학자의 견해도 있다. 유명한 역사학자 토인비교수의 "역사의 연구" 마지막 결론은, 인류사회 갈등과 대립이, 결국 황인종, 백인종, 흑인종, 즉 혈통집단간의 갈등으로 귀결된다고 했다. 황인종의 핵심세력은 한자문화권인 한중일 3국이다. 한국은 영토 인구 대국인 중국과 기술 경제 대국인 일본, 즉 두 대국을 양쪽에 끼고 있는 중심국이다. 이 같은 지정학적 위치를 활용하여, 우리가 창의적으로 한중일 3국이 경제협력 공동체가 되도록 만들면, 유럽 EU와 북미 NAFTA를 능가하는 세계 최강의 경제대국이 될 수 있다. 역사적으로 토인비교수의 예측을 참고로 하여, 우리의 미래국가전략 관점에서 가덕도 개발을 독립운동정신으로 검토해보자.

중국이 홍콩을 물류거점으로 활용해왔던 것처럼, 가덕도를 3국 경제공동체의 물류중심지로 활용하면 3국을 융합시킬 수 있다. 그 같은 최적합지가, 한반도의 가덕도가 될 수 있을까? 지구온난화로 인한 북극수로를 활용하게 되면, 동북아행 유럽물류가 동해안을 경유하게 된다. 이로 인해 물류비용과 시간이 3분의 1이상 절감되기 때문에, 자연스럽게 부산항 근처의 가덕도가 동북아 해양물류의 최적지가 될 수 있다. 현재 개발 중인 성층권 비행용 초음속 항공기(Trans Atmospheric Vehicle)가 금명간 상용화되면, 이로 인해 동북아의 서울과 미국 LA간에, 40분이내로 비행 가능하다고 한다. 그러나 이착륙시의 엄청난 소음 때문에, 일본의 신오사카공항처럼 해양매립 건설이 불가피하고,

또한 중국 상해항과 일본 고베항을 삼각대로 연결할 수 있는 지점이 부산항 근처의 가덕도가 될 수 있다. 또한 새롭게 등장하는 고속항공물류와 해양물류의 상호 융합 교류지가 될 수 있고, 그로인해 한중일 3국의 공통 물류 platform이 될 수 있는 지역이 바로 가덕도 이기도 하다. 철학적 관점에서 보면 해양 일본의 음기와 대륙 중국의 양기, 두 가지 음양을 융합하고, 또한 "5"가지 실행 조건의 "오행"을 지닌, 소위 동양철학의 "음양오행"을 모두 겸비한, 역사적 대운의 지역이 바로 가덕도인 셈이다.

동방의 횃불인 한국이, 이 같은 가덕도를 중국과 일본에, 3국공유지로 개발하자는 제안을, 우리가 먼저 과감하게 해야 한다, 그러면 지금 동북아로 몰려오는 인류역사의 거대한 운세를 3국이 함께 등에 업고, 3국 공동개발의 근거지가 탄생하게 된다. 만약 가덕도개발지가 세계 최강인 3국경제권의 근거지가 되면, 북한의 핵위협도 평화적으로 해결하는 분위기가 조성될 수 있고, 최근 점증하는 미군 주둔비 증액문제도 해결하는 바탕이 될 수 있다. 특히 우리의 통일외교조차도, 가덕도의 사랑방인연을 바탕으로 러시아는 중국이, 미국은 일본이, 협력외교로 도와주면, 평화통일외교도 가능할 것이다. 시련의 조선조 말에도 주적은, 안방의 사색당쟁이었다면, 가덕도 개발 문제를 TK와 PK간의 안방싸움으로 몰고 가는 것이 미래를 망치는 바로 우리의 주적인 셈이다.

이제 가덕도 3국 공동개발의 기본청사진을 그려보자, 기본적 터전인 땅은 한국이 먼저 제공하고, 현재 가덕도 면적의 2배 이상인 거대한 해양매립공사는 일본이 담당하고, 소요되는 거대자본은 중국이 담당한다. 그리고 개발될 가덕도의 거대지하도시는, 중국이 세계최대 환락도시로 운영하고, 지상도시는 상업물류도시로 일본이 운영하고, 한국은 가덕도전체를 4차 산업혁명의 3국 지식경영체제로 운영한다. 결론적으로, 가덕도 개발은 인류사에 황인종시대를 개막하는 역사적 위업이 될 것이다. 또한 세계패권경쟁에서 우리를 홍익운동 주역으로 격상시키는 역사적 전환점이 될 수 있다.

4차 산업혁명과 지식국가발전 전략

오늘날 대한민국의 고민은, 기업, 서민, 청년들의 현재와 미래가 암담하다는 사실이다. 때문에 대선 후보들이 한결같이 4차 산업혁명으로 나라를 바로 잡겠다는 의지를 밝혔다. 과연 4차 산업혁명은 무엇을 의미하는가? 2016년1월 정치인, 기업인, 경제학자, 과학자 등 2000여 명이 참석한 다보스 포럼에서 처음으로 4차 산업혁명이 언급되었다. 3차 산업혁명을 기반으로 디지털과 물리학, 바이오 등이 융합하여 창출하는 지식혁명을 4차 산업혁명이라고 칭했다. Industry 4.0과 관련하여 IoT, AI, Big Data, Cloud 등을 검색하면, 그 검색 빈도가 천문학적이다. 즉 이들을 활용하여 수많은 지식재산들이 소통·협력·융합을 거쳐서, 새로운 고부가가치 지식재산들이 신생아처럼 탄생하게 된다. 그러면 이를 통해 선진국들이 얻고 있는 발전성과는 무엇인가? EU는 5600만개의 일자리와 고용의 35%, GDP의 40%가, 미국은 4500만개 일자리, 고용의30%, GDP의 38%가 만들어 졌다고 한다. 이는 오로지 Industry4.0을 통한 수많은 지식재산들이 소통·융합해서, 새로운 지식집약산업이 탄생한 결과라 한다. 이 부분이 우리에게는 절실하다.

역사의 변화에 편승하면 선진국이 되고, 외면하거나 역행하면 후진국으로 탈락하는 것이 역사적 진실이다. 최근 세계경제와 정치가 요동치는 것은 3차 산업사회에서 4차 산업사회로 급변하는 역사의 길목에 인류세계가 놓여있기 때문이다. 따라서 선진국들은 거대한 역사변화에 편승하기 위해, 국가형태는 지식국가로, 국가경제는 지식경제로 개혁하고 있다. 이를 위한 성공전략이 4차 산업혁명과 더불어 AI, IoT, Big Data, Cloud 등의 효과적 활용이다.

우리 현실은 선진국보다 더욱 절박하다. 하지만 국가사회를 엄밀히 진단해 보면, 국가체질은 4차 산업혁명의 수용체질이 아니다. 그러면 4차 산업혁명 체질로 바꾸기 위해서는, 국가의 어떤 부분이 개혁되어야 하는가? 첫째, 초고속, 초대용량, 초광대역의 소통과 융합이 가능한 위성통신체계가 구축되어 4차

산업혁명의 고속도로가 되어야 한다. 둘째, 지식영토 즉 두뇌영토가 확장되어야 한다. 따라서 육아정책은 두뇌영토 확장차원에서 획기적인 출산장려 정책이 필요하다. 더불어, 풍부한 창의력을 갖도록 두뇌를 개발해야 한다. 아기가 태어날 때는 체중은 4kg 미만 정도지만, 두뇌중량은 어른의 60% 이상을 이미 가지고 태어난다. 스세딕 태교영재를 개발한 스세딕 부부의 경우는 임신 10개월 간 태교를 실시한 결과, 아기들이 IQ160 이상 영재로 태어났다고 한다. 우리정부도 임산부의 영재태교를 여성병원에서 실시하도록 제도화해야한다. 셋째, 교육 특히 대학교육은 암기중심의 중간·기말고사를 폐기하고, 학생들의 창의력을 바탕으로 각종 창업, 연구동아리 등을 만들어 IoT, Big Data, Cloud등을 이용해 전문창업을 할 수 있도록 유도해야한다. 즉 대학이 4차 산업혁명의 산실이 되어야 한다. 넷째, 역사적으로 "强軍이 强國"이라한다. 이를 위해 軍편제도 지식사회에 걸맞게 On-Line과 Off-Line 체제로 양분하고, Off-Line편제는 현행의 육·해·공군편제로, On-Line은 전자軍편제를 도입해야 한다. 즉 IT, BT 등 전문분야별 편제를 만들어 전문연구소에서 군복무를 하도록 해야 한다. 정부는 이들의 연구개발 성과에 따라 조기전역 뿐만 아니라 전문창업을 지원함으로써 국방과 산업기술이 동시에 발전되도록 해야 한다. 다섯째, 오늘의 산업 사회적 정부구조는 4차 산업혁명의 걸림돌이 될 수밖에 없다. 감시, 감독, 관리형태의 몸통형 관리 정부구조에서 격려, 칭찬, 포상 형태의 두뇌개발형 정부구조로 바뀌어야 한다. 이에 따라, 정보통신부와 과학기술부를 부활·강화하고, 특히 지식재산부를 신설해서 각 부처가 지식재산 집약전문기업을 출산 할 수 있도록 행정적 뒷받침을 해야 한다.

결론적으로, 오늘의 국가적 고민과 고뇌가 "4차 산업혁명과 지식국가 발전"이라는 출산의 진통이 되도록 하자.

국가위기 대처방안과 대통령의 정치적 판단

오늘 국가경제는 연속 하락국면이다. 글로벌경제시대에, 반도체 등을 둘러싼 정밀화학, 정밀소재, 정밀기계 등은 일본에 발목이 잡혔고, 자동차 등 거대제조업과 중화학은 중국에 밀리고 있다. 차제에 새로운 국가핵심 산업을 발굴하고 육성시켜야 한다. 핀란드는 국가경제의 65%를 점유하던 세계적 기업 노키아가 침몰할 때, 좌절하지 않고 새로운 도약의 전기를 마련했다. 즉 산업사회의 공룡기업구조에서 지식사회의 미생물 전문기업구조로 국가산업체질을 바꾸었다. 핀란드정부는 국가예산을 노키아 갱생을 위한 기업구조개혁자금으로 낭비하지 않았다. 오히려 그 예산을 투입해서 노키아 내의 전문기술과 인력을 활용하여, 3500개 이상의 전문창업을 유도했다. 그로인해 핀란드산업체질은 오늘날 미생물전문기업의 지식경제체질로 탈바꿈해서, 오히려 국가경쟁력이 한층 강화되었다. 우리에게도 차제에 국가경제와 산업체질을 바꾸어야한다. 오늘날 세계적 환경은, 노령화질환과 환경오염질환의 증가추세로, 바이오산업이 고부가가치 성장산업으로 부상하고 있다. 거대 해양음기와 거대 대륙양기가 교감하는 우리금수강산 한반도는, 생태학적으로 탁월한 약효의 약초생산지인 셈이다. 고대 중국황실이 우리에게 비단을 주고, 반대로 우리의 고려산삼을 가장 선호해서 가져갔던 역사적 사실이, 이를 입증하고 있다. 우리도 오늘의 고통스러운 산업적 국난에 좌절되지 말고, 핀란드처럼 우리산업체질을 세계적 특화산업체질로 바꾸어야한다. 따라서 우리의 특화 바이오산업을 집중 육성하라는 역사적 편달로 받아들여야한다. 그래서 얼마 전 보건복지부 장관이 언론특별인터뷰를 통해서, 바이오 헬스산업을 제2의 반도체으로 육성하겠다는 정책의지를 밝힌바있다. 그러나 이시기에는 국민이 공감할 정책적 후속조치가 필요하다. 대통령입장에서는 일본강경대응의 정치적 의지표명도 중요하지만, 국민에게 감성적으로 실감나는 정책을 표명할 필요가 있다. 가령 이번 8.15광복절 특사 때, 정치사회분야보다, 오히려 바이오산업 분야에서, 열심히 그릇을 씻고

닦다가 과실로 감옥살이를 하거나 벌금형이 확정된 경영자와 관리자들을, 특별사면대상으로 발표한다. 그리고 오늘날 국민이 고뇌하는 한일경제패권전쟁에서, 이번에 특별사면 된 바이오전문 인력들이, 바이오산업육성의 소위 "장발장"이 되어달라는 당부의 대통령특별 담화문에 담아서 발표한다, 그러면 우리 국민과 산업에도 큰 활력이 될 뿐 아니라, 국제정치사회에서도, 우리 대통령이 창의적이고 미래지향적 지도자로 높이 평가될 것이다. 그렇지만, 왜 이 같은 대통령의 정치적 결단이 현실적으로 절실한가? 우리의 바이오산업현실을 면밀히 점검해보면, 실제로 바이오산업육성 정책은 없고, 곳곳에 규제정책만 도사리고 있다. 이 분야는 특별히 R&D가 절실한 분야인데, 연구개발의 속성인 Risk & Danger 즉 모험과 위험을 감수할 수 있는 행정이 없다. 더욱이 우리행정은 국민의 안전을 빌미로, 철저한 보신주의적 안전행정과 규제행정으로 일관되고 있다. 우리 한반도에는 바이오적 토양과 기후특성 때문에, 태생적으로 최우수 바이오 두뇌와 약초가 공존하고 있다. 차제에 대통령의 정치적 결단으로, 경쟁력 없는 행정을 과감하게 혁신시키고, 안방의 뛰어난 잠재력은 창의적으로 개발 활용하여, 소위 "바이오거북선"을 개발하자. 이제부터 우리경제를 교란시키는 침략세력들을, 임진왜란의 성웅 이순신 장군처럼 슬기롭게 대처해야한다. 모든 전쟁은, 적을 알고 자기를 알아야 백전백승이라고 한다. 이제 우리는 일본산업실체도 정확히 알고, 세계산업판도와 우리의 대응실체도 정확히 파악해서, 이순신 장군처럼 전략적 대응방법을 냉철히 점검할 필요가 있다. 그 같은 차원에서, 이번 8.15광복특사도 정책적 활력소가 되어, 바이오산업 강국의 역사적 시발점이 되었으면 한다.

대통령은 규제철폐, 일선 행정은 규제강화

금년 초 대통령은 청와대의 규제개혁 대토론회에서 규제혁신을 강조했다. 새로운 규제는 새봄에 잡초가 싹 트듯이 계속 생겨나기 때문에, 신기술, 신산업의 유익한 약초가 잡초 속에서 자랄 수 없는 것이 자연현상이다. 이런 뜻에서 국가의 머리인 대통령은 지식사회의 특성을 살리기 위해 규제 철폐를 주장하는데, 국가의 손발인 일선행정은 과거 산업 사회 관행에서 벗어나지 못하고 있다. 머리인 대통령의 판단과 손발인 일선 행정이 따로따로 움직이면, 국가적 혼란과 거대재난은 불가피하다. 우리 사회의 규제 강화 실례를 보자.

첫째, 극소형 전지 탑재 제품을 안전인증 대상에 확대 포함한 문제다. 블루투스 응용제품 등에 많이 사용되고 있는 극소형 전지는 중국 전문 업체들이 1 0년 이상 수많은 제품을 생산, 수출해 오고 있지만, 그동안 특별한 안전문제가 발생하지 않았다. 느닷없이 국민안전을 이유로 갑자기 안전인증을 의무화함에 따라 소규모 업체들은 비용부담과 개발지연을 호소하면서 이 같은 일선 행정은 신형 규제강화라고 항변하고 있다.

둘째, 일본은 '바이오 명치유신' 차원에서 줄기세포 산업을 적극적으로 육성하고 있다. 노령화 사회에서 진시황의 불로초에 해당되는 것이, 줄기세포이기에 만능줄기세포라는 현대판 불로초연구로 노벨상을 수상한 바 있다. 줄기세포 연구를 촉진하기위해 성체 자가 줄기세포는 전문 의사의 연구 재량에 맡기고 희귀병 분야는 조건부 한시적 사용을 허가하고 있다. 그러나 우리는 국민안전을 이유로 과거관행의 일반 약품 허가기준을 고집하고 있다. 일본에 가서 성체 자가 줄기세포 주사를 맞는 병약자나, 한국에서 개발된 버그씨 줄기세포 치료제를 일본에서 처치 받는 버그씨 환자들은 불편한 몸을 이끌고 일본까지 와서 일본 의사의 손길을 받아야 하니, 전문가인 의사와 불편한 환자를 외면하는 일선행정 때문에 비전문가들이 전문당사자들을 관리하는 행정이라고 한다.

셋째, 축산계의 쟁점은 구제역, 축산악취, 가축 폐사 등이다. 이를 해결하기 위해서 20년 이상을 현장과 대학연구실에서 밤낮없이 연구하면서, 개인재산을 몽땅 털어 넣은 사람도 있다. 결국, 개발에 성공한 바이오 사료와 사료 첨가제가 축산계의 쟁점을 90% 이상 해결하는 대성과를 달성했다. 그러나 이것도 가축 배설 물질이 원료로 사용되었다는 이유로, 기존 축산법에 따라 품목허가가 불가하다는 것이다. 이 사료와 사료 첨가제를 사용해 본 농축산계에서는 효과가 뛰어난데도 공급받을 수 없기 때문에 업계에서는 이를 연구개발규제 행정이라고 혹평하고 있다.

연구개발과 창업의욕의 새싹을 잘라버리는 일선 행정이 우리 사회 저변에 깔려 있다. 세상은 산업사회에서 지식사회로 급변하는데, 일선 행정은 과거 지향적 행정법규에 안주하고 있다. 지식사회로 발전하기 위해서는 산업사회 행정법규의 상당 부분이 연구개발 행정의 규제가 될 수 있다는 것이 대통령의 지식 사회적 판단이다.

이제 드디어, 4차 산업혁명으로 시간과 공간을 초월해서 연구개발, 생산, 영업이 이루어질 수밖에 없다. 광속도의 경쟁시대가 지식사회 속성이다. 특히, 젊은이들이 디지털 전문성으로 4차산업 혁명형 창업을 해야, 청년 실업 문제도 해결되고, 또한 저 출산과 노령화 사회 추세로 인한 국력 약화도 수많은 디지털 세대 창업만이 막을 수 있다.

평창 동계 올림픽의 열정과 감동, 우리 선수들의 뛰어난 선전, 자원봉사자들의 희생적 노력이 올림픽 성공의 밑거름이었다. 이제 지식사회의 창업 올림픽이 시공을 초월해서 진행되고 있다. 중국 일선 행정은 조장행정을 하고 있지만, 우리는 4차혁명산업형의 일선 행정이 뒷받침되어야, 창업올림픽에서 중국을 누르고 금메달 획득이 가능할 것이다.

미래 속 과거에 살아가는 대한민국

최근 '4차 산업혁명', 'AI', '빅데이터' 등으로 상징되는 '미래사회'는 이미 우리 곁에 와 있다고 해도 과언이 아니다. 하지만 그의 모습을 가장 닮아야 할 우리 대한민국 청년들의 현재 모습은 어떤가? '돈을 많이 벌고 싶어서', '정년 없이 평생 일할 수 있는 직업을 찾고 싶어서' 등 고용불안감으로 인해 '생계형 창업'을 선택한 이들 중 3년 내 폐업률은 85%이다. 이들 통계만 보아도 우리의 사고방식은 여전히 산업사회에 머물러 있다는 것을 금세 알 수 있다.

다른 나라도 우리와 같을까? 우리와 닮은 부분이 많은 이스라엘은 어떤지 살펴보자. 양국 모두 오래된 민주주의 국가이며, 1948년에 정부가 수립됐다. 이뿐만 아니라 두 나라 모두 교육을 최우선 가치에 두고 양질의 교육을 실시한다. 무엇보다 상존하는 안보불안으로 인해 양국 모두 군 복무를 의무화 하고 있다는 점도 큰 공통점이다. 그런데 이와는 달리 두드러지는 차이점이 있다.

바로 군(軍) 생태계의 모습이다. 인구 800만 명에 불과한 작은 나라인 이스라엘이 국민 1인당 창업 비율이 세계에서 가장 높은 '창업국가'로 불리고 있다.

어떻게 이룬 쾌거일까?

이스라엘은 기본적으로 정부 예산 가운데 가장 많은 9%를 국방에 투입한다. 이 같은 막대한 국방예산을 투입하는 것은 젊은이들을 군대로 보내는 것을 비용으로 여기지 않고, 오히려 '인재양성소'로 삼고 투자하고 있기 때문이다. 더불어, 매년 우수한 이공계 영재를 선발하여 군복무 기간 중 과학기술연구에 매진할 수 있는 환경을 제공해주고, 이들 인재의 역량을 최첨단 군사장비 개발에 활용한다.

그중 대표적인 것이 '탈피오트'라는 군 복무 제도이다. 히브리어로 '최고 중의 최고'를 뜻하는 탈피오트는 군 복무를 마친 젊은이들이 창업을 할 수 있도록 전역 전 4개월 동안 창업 교육도 적극 실시하고 있다. 또한, 사이버 보안에 특화된 8200부대, 맘람, CRP 등 이 같은 첨단부대 출신자들이 전 세계에서 창업을 통해 이뤄낸 매출은 약 7조원으로 추정되며, 이를 통한 산업화가 전체 국내총생산(GDP)의 6%를 다시 재창출한다.

과거부터 "강군이 강국"이란 말이 있다. 하지만 과거 우리 역사를 보면, 구한말 농업사회에서 산업사회로 전환되는 것을 꺼려 쇄국정책을 폈다. 그 결과, 우리는 일본의 식민지로 전락되었고, 그 역사의 실수는 현재의 남북분단이라는 아픔으로 지속되고 있다. 그렇다면 지금 우리는 어떤 선택과 집중을 해야 할까?

이를 위해 군의 편제도 지식 사회에 걸맞는 온·오프라인 체제로 전환되어야 한다. 오프라인 편제는 현행의 육·해·공군편제로, 온라인 편제는 전자군편제를 의미한다. 즉 정보기술(IT), 바이오기술(BT) 등 전문 분야별 편제를 만들어 전문 연구소에서 군복무를 하도록 해야 한다. 정부는 이들의 연구개발 성과에 따라 조기 전역뿐만 아니라 전문 창업을 할 수 있도록 지원함으로써 국방과 산업기술이 동시에 발전될 수 있도록 해야 한다.

구체적인 방안으로 우선 기존 병영특례제도를 보완해 '전자지휘전략병과(가칭)'를 신설해 우수 이공계 인력들이 자신들의 적성에 맞는 첨단 과학·기술분야에 근무할 수 있는 기반의 조성이 필요하다. 이와 함께 국방부 및 관계부처 내에 '최첨단 국방·산업연구센터(가칭)'를 설치해 입영자들을 수용하는 한편, 기술 중소기업 등에도 배치하는 것이다. 이것이 시행되면 우선 중소기업의 취약한 연구전선(研究戰線)을 살릴 수 있고, 이공계 기피현상은 물론 우수인력의 이공계 유치도 가능하다.

아주 큰 예로, 현재 지식사회의 핵심인 인터넷도 바로 국방에서 나온 것이고, 항공우주 기술들도 전쟁을 위해 개발이 되어 지금의 우주여행 얘기도 할 수 있게 된 것이다. 최근에는 태양이 불타는 원리로 알려졌던 핵융합 기술도 실제 국방에서 나와 산업기술로 넘어가게 되었다.

하지만 현실 속 대한민국은 저출산, 고령화, 학력 인플레와 성장속도 둔화로 인한 경기침체 등 여러 가지 문제들을 앓고 있다. 과거의 대기업위주 성장지향적인 정책들로는 지식산업사회로 전환되는 시대에 대응할 수 없다. 4차

산업혁명 시대를 맞아, 대한민국이 역동성을 회복하고 다시 발전을 이어나갈 수 있는 유일한 길은 창업이며, 이를 통해 청년일자리 문제도 해결 할 수 있다.

따라서 정부는 우리 청년들이 진짜 '미래사회'를 계획하고 성취해 갈 수 있도록, 이스라엘의 좋은 선례를 본받아, 대한민국의 새로운 '전자군복무제도'를 도입하는 것을 적극 검토해야 한다.

미래 신성장동력을 통한 경제회복 방안

변화의 시작

세계의 "큰 틀"이 변하고 있다.

역사적으로 세계는 변화를 겪기 전 혁명적인 사건을 경험하곤 했다. 영국에서 시작된 산업혁명은 세계 문명을 엄청난 속도로 발전시켰고, 컴퓨터의 발명은 IT혁명으로 이어져 세계를 하나로 연결했다. 글로벌화의 시작이었다.

땅이 아닌 '농업기술'이, 공장이 아닌 '산업특허기술'이 부가가치 생산의 중심으로 등장하면서 산업기술은 자동차, 항공우주, 영상, 게임 등의 첨단 기술 분야로 진화했다. 그리고 하드웨어 중심의 산업사회가 소프트웨어 중심의 정보화 사회로 거대한 이동을 시작한 것이다. 그것은 지식기반 사회의 등장을 예고했다.

하지만 금융은 이러한 변화를 따라가지 못했다. 과거의 하드웨어 기반 금융기법은 세계 산업경제의 변화를 읽지 못했고, 결국 금융의 위기가 정치적 변화를 초래하게 되었다. 버락 오바마의 미 대통령 당선도 이러한 변화의 관점에서 살펴볼 필요가 있다. 최초의 흑인 대통령 탄생은 단지 미국만이 아닌 '지구촌의 거대한 지각변동'과 두뇌중심의 '지식사회'로 CHANGE 되고 있는 것이다.

이런 중차대한 변화의 중심에서 우리는 무엇을 준비해야 할까? 세계경제가 지식기반 경제로 진화하는 현실 앞에서, 우리는 지금의 침체되어 가는 경제를 살리기 위한 성장동력산업으로 무엇을 선택해야 할까? 그리고 어떻게 육성해야 하며, 그 방안은 과연 무엇일까?

몇 가지 분야를 나눠서 살펴보기로 하자.

먼저, 산업올림픽에서는...

우리는 올림픽에서 많은 금메달을 목표로 인재를 육성한다. 하지만 모든 종목에서 금메달을 딴다는 것은 현실적으로 불가능하다. 이는 곧 특화된 종목을 선택, 집중 육성할 필요가 있다는 말이다. 전 세계의 산업을 올림픽에 비유해서, 우리에게 가장 유리한 산업이 무엇인지 연구하고, 금메달 획득이 가능한 산업을 육성할 필요가 있는 것이다.

앞서 말한 대로 세계경제는 지식경제로 거대한 지각변동을 겪고 있다. 이러한 때에 우리는 지식산업을 중심으로 우리의 특성에 맞는 신산업을 발굴하고 집중적인 투자를 해야 한다.

IT, BT, CT, ET, NANO 등의 첨단기술은 물론이고 Contents, Game 등 Software 기반의 지식재산(Intellectual Property)을 주축으로 하는 'Brain Economy' 차원의 전략적 두뇌산업 육성이 필요하다.

예를 들어 지난 베이징올림픽에서 우리나라는 예상보다 많은 메달 획득으로 목표를 초과달성했다. 특히 그 중에서 금메달을 획득한 종목을 살펴보면 우리 경제가 나아가야 할 방향이 명확해진다.

올림픽에서 우리 선수들은 다른 나라 선수들과 비교했을 때 상대적으로 수월성과 영재성이 높은 분야에서 금메달을 획득했다. 투포환이 아닌 양궁에서, 축구가 아닌 야구에서 우리 국민의 집중력이 진가를 발휘한 것이다. 이는 분명히 우리에겐 축구보다 야구가 비교우위에 있고, 투포환보다는 양궁이 우리나라를 대변한다고 볼 수 있다.

일부 선진국은 줄기세포 분야를 거대산업 중 하나로 지정하여 이에 대한 끊임없는 지원을 아끼지 않는다. 그리고 장수산업의 발전을 위해 인간의 몸을 마치 자동차 부품처럼 새롭게 대체하는 연구를 활발히 진행하고 있다. 하지만 우리 사회는 줄기세포 문제를 황우석 박사라는 개인에게만 집중하는 경향이 있다. 이는 그 방면에 역량을 지닌 인재를 제대로 육성하지 못하고 있음은 물론, 산업올림픽에서 우리의 금메달감이 무엇인지에 대한 국가적 비전이 없기 때문에 일어나는 일일 것이다.

둘째, 창의적인 전문인재를 육성해야…

창의적인 고급두뇌는 지식산업 성장의 관건이다. 제아무리 지식산업의 인프라가 잘 구축되어 있다 하더라도 적재적소에서 제 역할을 다할 수 있는 인재를 찾지 못한다면 무용지물이나 다름없다.

하지만 현재 우리나라는 전인교육에 기반을 둔 총괄평가입시제도(입시과목

합산평가)를 채택하고 있다. 부연설명은 차제하고 매번 바뀌는 입시제도만 보더라도 얼마나 허점이 많은지는 모두가 공감할 것이다. 이러한 제도로는 전인교육은 물론이고, 획일적인 교육제도 탓에 제대로 된 인재를 발굴하는 것도 어렵기 마련이다.

독일 사회는 학벌보다는 특허이력을 우선시한다. 취직을 위해 제출하는 입사지원서나 승진평가서에 학력이나 가족관계 대신 '특허출원건수'를 먼저 기재하도록 명시화하였다. 또 고등학교 졸업생은 일찍이 자기 적성에 맞는 분야에서 전문성을 배우고 익히게 되는데, 이는 직장이 곧 대학 실험실습실과 같은 역할을 수행하면서, 학벌이 아닌 전문능력인재로의 성장을 유도한다.

지식기반사회에서 글로벌 인재를 양성하기 위해서는 아주 어려서부터 인재를 발굴하고 육성하는 체계적인 영재교육 시스템이 마련되어야 한다. 예를 들어 산모의 영재태교법을 여성병원 중심으로 해서 국가가 지원해야 한다. 또한 유아 · 유치 · 초등교육에서 영재성 발굴을 위한 체계적인 교육을 실시할 필요도 있다. 학벌을 위한 대학입학보다는 전문능력의 영재성 계발기회를 제공하는 교육제도가 자리 잡아야 한다는 것이다.

또한 특수한 상황 하에서의 우리나라 군 복무제도도 마찬가지로 미래성장을 위한 전략적 자원으로 활용할 수 있어야 할 것이다.

이스라엘은 '탈피오트'라는 영재군복무제도를 실시하여 젊은이들의 창의성을 국가발전에 활용하고 있다. 군이 직접 이공계 전문 인력을 선발하여 전문성 발현의 기회를 제공하고, 나아가서는 사회의 리더로 성장할 수 있도록 체계적인 교육훈련 시스템을 제공한다.

이스라엘의 사례는 우리에게 창의적 사고가 가장 활발한 20대의 청년두뇌자원을 어떻게 활용해야만 하는지를 가장 잘 보여준다. 전자군복무제도와 같은 탄력적인 군 입대제도는 창의적인 젊은 인재가 군 입대 후에도 중소기업이나 국가성장동력산업 일선에서 핵심 R&D 인력으로 성장할 수 있도록 지원 가능하며, 이러한 군 인력 관리체제의 창조적 운영은 국가 지식산업자원 활용을 위한 커다란 축으로 자리매김할 수 있을 것이다.

셋째, 미래 성장을 위한 지식경제와 지식금융

미래산업(지식산업)의 발전은 세계적 금융체제의 변화를 편승해야 얻어질 수 있으며, 자본의 큰 줄기는 산업의 변화(경제)와 융합해야만 성장의 초석을 다질 수 있다. 이것이 금융이다.

과거에는 땅을 담보로 하는 농업경제금융(Land Economy)이나 공장·주택을 담보로 하는 산업경제금융(Factory Economy)이 보편적이었다. 하지만 지금은 지식재산(IP)을 담보로 하는 지식경제금융으로 금융체제가 변화하고 있다. 하지만 아직까지 우리나라는 기존의 산업금융체제를 고집하다가 세계 속에서 더욱 더 큰 금융위기로 몸살을 앓고 있다.

일본의 경우 2003년부터 총리실이 주축이 되어 '지적재산입국전략'을 펼치고 있다. 지적재산신탁제도를 도입하여 지식금융체제를 확립하고, 지식재산 유통시장을 활성화하여 산업금융경제의 전략적 이노베이션을 시도하고 있다. 그리고 매년 성과와 지표를 업그레이드 해가고 있다.

우리 또한 신 지식금융체제에 걸맞은 지식산업을 미래성장산업으로 육성해야 하고, 또 지식재산(IP)을 담보로 금융이 가능한 지식금융체제를 확립하여 'IP의 산업화'를 촉진해야만 한다.

간단한 예로, 초등학교의 교과내용을 게임화하여 어린 학생이 PC방에서도 공부를 게임처럼 즐길 수 있도록 하는, Edu-game 산업 육성에 금융 지원을 하는 것도 한 방안이 될 수 있을 것이다. 또 치매증 예방 치료용 게임이라든지 마약중독 예방 치료용 게임 등을 개발하여 재미와 함께 예방과 치료가 가능한, Medi-game 산업 육성에 금융제도를 접목하는 것도 지식산업을 육성하는 좋은 방법이 될 것이다.

넷째, 지식경제로 가기 위한 사회적 분위기 조성

우리에게 절실한 것은 지식산업이 꽃피울 수 있는 환경이다. 지식산업의 봄이 도래하도록 하기 위해서는 우리 국민의 "끼"가 가장 잘 드러나는 부동산투기, 증권투기, 펀드투기를 '연구개발투기'로 전환할 수 있는 분위기를 조성해야 한다.

'1국민 1발명'의 국민발명운동을 국민정신운동으로 전개한다든지, 직무발명보상제도의 과감한 확대적용으로 발명자에게 사회적 우대를 해줄 수 있는 정책을 펼치는 것 또한 좋을 것이다.

그리고 정부가 연구개발 결과를 농산물의 입도선매방식으로 매입하여 사업화할 수도 있다. 더불어 이와 관련된 특허신용금고나 특허신탁제도의 운영은 제도적으로 연구개발을 보장하고, 연구자의 직무능력 발휘를 뒷받침 할 수 있을 것이다.

과학기술강국이라는 독일은 직무발명보상제도 등 전문인력에 대한 충분한 보상으로 연구원(기술자)의 사기를 진작시키고 있다. 일본 역시 대학이나 연구기관에서의 벤처 창업을 촉진하기 위해 정부가 기술, 인재, 시장, 자금 등에 관한 적극적인 지원정책을 펴고 있음은 눈여겨 볼 사안이다.

우리 사회가 아직 특허침해소송에 있어 선진국들과는 달리 기술전문인 변리사의 대리를 배제하고 있는 것도 한 번쯤 숙고해볼 만하다.

프랑스를 예로 들자면, 독일이 유럽의 특허허브로 성장하여 유럽지역 특허침해소송의 70%를 처리하고 있는 현실에서 특허허브를 되찾기 위해 보다 더 강력한 제도개혁을 추진하고 있다. 그리고 독일의 변호사-변리사 공동대리를 넘어 2010년부터 변리사 단독 침해소송대리까지 가능토록 한다고 한다.

그리고 영국도 이에 질세라 최근 법정변호사와 사무변호사의 장벽을 허무는 것은 물론, 특허 카운터 법원 소송에서는 변리사의 단독대리까지 허용하도록 하는 사법개혁을 이루었으며, 우리와 가까운 일본도 마찬가지로 변호사와 변리사가 공동으로 침해소송대리를 수행하고 있다.

이처럼 지식산업과 관련한 법제도가 선진국들에 비해 현저히 뒤처진 현실에서 우리가 지금 미래 인재 양성을 이야기한다는 것은 어쩌면 앞뒤가 맞지 않을지도 모르겠다.

한 가지만 더 덧붙여 보자. 독도 이야기다. 독도는 역사적으로나 실효적 지배형태로 보더라도 명백한 우리나라의 영토이다. 하지만 일본은 해방 후 지금에 이르기까지 지속적으로 독도 영유권에 대한 도발을 해오고 있다. 단순히 '영토' 야욕 때문일까?

독도 주변에는 막대한 양의 미래 에너지자원인 가스하이드레이트가 매장되어 있다. 그리고 일본은 그 가스하이드레이트를 채취하고 활용할 수 있는 기술과 특허를 가지고 있다. 일본이 보유한 특허출원건수만 하더라도 세계의 60% 이상이다. 우리가 '영토수호'에만 치중해 있을 때 일본은 오래전부터 '(특허)기술 확보'에 열중이었다. 머지않아 우리의 영토 독도에서 우리의 에너지자원을 활용하려면 일본에 막대한 로열티를 지불하고, 그들의 기술과 특허를 빌려 써야 할 형국이다. 우리 사회가 아직도 지식재산권, 특허의 중요성을 인식하지 못하고 사농공상의 사회적 분위기에 머물러 있다면 이러한 독도문제는 곧 현실로 다가오게 될 것이다.

다섯째, 산업올림픽의 금메달 확보를 위한 유능한 감독

미래 지식산업의 금메달 획득을 위해서는 유능한 감독이 필요하다. 어느 스포츠 종목을 보더라도 개인의 재능은 물론이지만 훌륭한 지도자 없이 좋은 성과를 얻은 예가 없다. 산업도 스포츠와 마찬가지다. 미래 지식산업의 감독은 정부이며, 유능한 감독에 걸맞은 정부조직과 기능이 경제 활성화의 뒷받침이 되어야 한다.

현재 당면한 위기의 본질이 정부가 국민에게 국가경제 진로에 대한 분명한 방향을 제공하지 못하는데서 비롯됐다고 한다면, 감독(정부)의 명확한 비전 제시만이 안정적인 산업 활동을 보장할 수 있다. 그리고 국가경제의 비전 제시는 지식경제에 걸맞은 정부 행정조직의 체질 변화를 통해 이룰 수 있을 것이다.

일반적으로 정부행정조직에 있어서, 중앙행정은 인간의 뇌에 해당하고, 지방행정은 몸통에 해당한다. 뇌가 중추신경을 관장하듯 중앙행정은 미래예측이나 기획, 종합조정 같은 중추신경기능을 하고 지방행정은 지방자치를 원활히 수행하는 자율신경기능을 담당하도록 해야 한다. 다시 말해 우리의 행정조직을 인간생체형 조직으로 전환할 필요가 있다는 것이다. 그리고 나아가 순환보직형 정부인사를 전문형 보직으로 변경하고, 예산기능과 지식산업육성기능을 직접 연계하는 결단이 필요하다.

프로야구 우승팀 SK의 김성근 감독은 미래예측, 기획, 종합조정의 전형적인 중추신경형 감독이라 할만하다. 우리 정부도 이러한 예를 벤치마킹하여 효율적이고 미래지향적인 정부로 거듭나야 한다. 이는 새로운 발상이 아니다.

미국의 경우 '이노베이트 아메리카', 일본은 '지적재산입국전략', 중국은 '과기흥무' 등 중앙정부가 직접 지식혁신을 통한 산업구조의 변화를 꾀하고 있다. 그리고 그들은 정부 조직과 기능을 개편하여 지식산업의 혁명을 주도하고 있다.

하지만 우리는 신생아에 해당하는 과학기술을 부모인 정부가 중점적이고도 집중적으로 보살펴야 하는데도 불구하고, 교육과 과학기술을 합병하는 우를 범하고 말았다. 이는 정부조직의 역할이 현실지향적인 교육에 치우치게 되어, 미래를 지향하는 과학기술은 상대적으로 역할이 축소되고 만다. 미래를 위한 준비가 취약해질 수밖에 없다.

다가올 미래를 위한 준비

지금까지 살펴본 바와 같이 우리나라가 변화의 시대에 대처하기 위해서는 기본적으로 발상의 전환이 절실하다. 이제껏 우리를 이끌었던 가치관이나 시스템이 미래에도 적용될 것이라는 막연한 믿음은 발전을 저해하는 요인으로 작용할 것임이 분명하다.

가까운 미래에 세계를 움직일 산업이 지식산업이 될 것이란 말은 거짓이 아니다. 지금도 세계 곳곳에서는 보이지 않는 두뇌전쟁이 벌어지고 있다. 우리가 구태의연한 사고에서 벗어나지 못하고 현실에 안주하려 한다면 지금까지 이룩하고 누려온 풍요는 곧 과거가 될 것이다.

우리는 자원이 전혀 없는 나라에 살고 있다. 그래서 늘 인재양성을 목청 높여 부르짖었고, 기술습득(응용공학에 기반한 조립기술)을 통한 국가 성장을 이루었다. 하지만 더 이상 지금까지의 방식으로는 살아남을 수 없다.

이제 시대의 변화를 정확히 예측하면서 우리의 천부적 재능과 여건에 적합한 산업종목, 인력, 자금, 사회적 환경, 감독 등이 다섯 손가락처럼 유기적으로 뒷받침될 때 두뇌사회의 영재형 산업 육성이 가능하며, 우리 경제의 푸른 앞날을 전망할 수 있을 것이다.

뽀로로가 국민되는 헌법 만들자

전통적인 '국민 · 영토 · 주권' 개념
21세기 지식사회와는 안 맞아
무형의 영토 확장한 캐릭터도
국민 대접하는 발상 전환 필요

개헌 논의가 봇물을 이룬다. 20대 국회 정세균 의장은 지난 총선 결과엔 국민들의 개헌의지가 포함되어 있다고 풀이하면서 개헌의 필요성을 주장했다. 여론조사에서도 국민의 70% 정도가 개헌을 지지하는 것으로 나타나고 있다. 야당은 물론 여당 내에서도 개헌을 주장하는 목소리가 커지고 있다. 개헌이 대세라는 것은 움직일 수 없는 우리 정치 현실이 되고 있다. 그런데 개헌을 둘러싼 우리 정치권의 관심사는 대통령 단임제와 중임제, 대통령제와 내각제라는 권력구조 개편에 치중돼 있다. 하지만 권력구조만 바꿔선 시대적 요구에 부응할 수 없다. 우리나라는 서민경제의 점진적 침체, 청년실업률의 증가, 인구감소, 급속한 노령화 등 구조적 문제에 직면해 있다. 이를 해결하지 못하는 정치에 대한 국민의 불신과 불만도 크다. 개헌을 한다면 이런 문제를 창조적으로 해소할 수 있어야 한다.

헌법은 국민 · 영토 · 주권의 3가지가 기본골격이다. 우선 이 세 가지 부분을 지금의 우리 헌법구조로 유지할 것인지, 아니면 역사적 시대변화를 수용할 것인지를 연구, 검토해야 한다.

농업사회는 논밭의 생산성, 산업사회는 공장의 생산성, 오늘의 지식사회는 머리의 생산성으로 뚜렷하게 차별화 되면서, 국가경제와 사회의 모든 영역이 급변하고 있다. 특히 지식사회는 지구마을공동체의 글로벌화로 발전하면서 지식재산의 배타적 무형영토가 형성되고 있다. 때문에 경제전쟁은 유형의 영토 전쟁에서 무형의 특허 등 지식재산 전쟁으로 변모하면서, 무형영토개념이 급속히 확대되고 있다. 이점이 지식사회의 역사적 특성으로 부각되고 있다.

조선조 말 우리가 경험한 비극도 농업사회의 안방에서 권력구조 갈등에 얽매여서 산업사회로의 역사변화를 느끼지 못했기 때문이다. 반대로 이웃 일본은 국가엘리트들을 유럽산업혁명 현지로 보내어 학습시켰다. 결국 이들이 주축이 되어 메이지유신을 통해 산업국가로 개혁시켰고, 한반도를 식민지배하기도 했다. 이 같은 불행한 역사를 참고삼아 개헌논의의 초점을 안방의 권력구조와 사회갈등구조에 한정시켜선 안된다. 밖을 주시하면서 역사의 거대한 변화에 초점을 맞춰야 한다.

그러면 헌법의 기본요소인 영토정의는 어떻게 바꾸어야 할까?

현재 국가통치권이 미치는 육지 · 바다 · 하늘을 영토로 규정하고 있지만, 국제법상으로는 할양 · 병합 · 정보 · 선점에 의하여 변경될 수 있다고 명시되어 있다. 이제 빅데이터와 클라우드 등 온라인 경제영역이 기존 오프라인 경제영역을 급속하고도 월등하게 뛰어넘고 있다. 때문에 선진국은 무형의 지식재산대국을 지향하면서 관련 법규를 과감하게 개정하고 있다. 우리의 강남스타일, K-팝 등 문화 · 예술 지식재산도 이미 해외시장을 누비고 있다. 영토를 경제활동 공간으로 본다면, 이제 헌법의 영토개념에도 사이버 영토를 포함시키는 미래지향적 발상이 필요하다.

이에 따라 헌법상의 국민이라는 개념도 바뀌어야 한다. 인간이 만든 문화 · 예술 · 게임 캐릭터가 경제활동의 주체가 되어 사이버영토에서 맹활약 중이다. 대표적으로 어린이 세계의 '뽀로로'는 어느 국민보다 사이버 영토에서 위력적인 경제주체가 되어 활동하고 있다. 그렇다면 헌법의 국민개념에 이런 캐릭터를 포함시키는 것도 사이버 세계 지향적 발상이 되지 않을까.

헌법상의 국민과 영토개념이 바뀌면 헌법상의 주권도 바뀔 수밖에 없다. 우리 헌법은 "대한민국의 주권은 국민에게 있고, 모든 권력은 국민으로부터 나온다."고 규정하고 있다. 또한 일반적으로 입법 · 사법 · 행정이라는 국가 권력의 기초적 지배 권력을 주권으로 규정하고 있다. 이런 산업국가의 주권개념도 두뇌형 지식국가의 기본 틀에 걸맞도록 바뀌어야 한다.

한번 따져보자. 기존의 산업 국가권력이 두뇌형 지식국가를 효율적으로 지배하고 관리할 수 있을까. 가령 예수와 석가모니 정신은 기존의 국가권력을 뛰어 넘어, 오히려 인간사회를 효율적으로 관리하고 있다. 이제 사이버 영토, 사이버 캐릭터가 헌법개념에 자리 잡게 되면, 박애와 사랑 등 종교적 개념이 주권의 핵심개념에 점진적으로 접근할 것이다. 그런 점에서 단군신화에 자리 잡고 있는 홍익인간이 우리 주권의 기본개념에 자리 잡게 되면 국제사회에서 우리는 사랑과 포용의 이웃으로 환영받을 것이다.

다시 한 번 요약하면 헌법은 법치의 기본이다. 법치는 시대가 변하면 그 틀도 바뀌게 된다. 농업 사회에서는 하향식 수직적 지배관계였고 산업사회에서는 수평적 관리관계였다. 반면 지금의 지식사회에서는 위로 끌어올리는 정신적 격려관계로 바뀌고 있다. 두뇌의 생산성을 올리기 위해 사회적으로 다양한 인센티브를 제공하고 있다. 스티브 잡스나 빌 게이츠 같은 혁신자들의 두뇌에서 나온 아이디어가 세상을 바꾸고 경제를 키우는 것이 지금 선진세계의 현실이다.

역사적 불행을 되풀이 하지 않기 위해서라도 우리는 산업사회형에서 지식사회형 헌법 개정을 논의해야 한다. 권력구조 지향적 헌법개정을 논의하는 것이 아니라, 지식사회 특성에 맞는 국민, 영토, 주권에 관한 헌법개정부터 논의되었으면 한다.

언론산업의 국제경쟁력 강화와 국내공공성 확립! 그 충돌과 해결책은?

현재 여야는 인터넷TV(IP TV), 종합유선방송(SO)분야 이관 문제로 팽팽한 대립 구도에 있다. 국민과 함께 새 정부 출범을 축하했던 야당은 새 정부 핵심부서인 미래창조과학부의 덜미를 잡고 있는 모양새가 되었고 여당은 미숙한 정치력을 보여주고 있다. 새 정부 청와대의 입장은 어떨까.

반대당의 정보통신위원회를 물려받는 것이 아님에도 IP TV와 SO를 창조부에 융합하자는 데는 자체 문제가 아니다. 우리 언론 산업의 국제경쟁력 강화와 지식산업화에 역점을 두고 있다. 이 중요성 때문에 이 분야 본고장인 미국에서 성공한 분을 장관후보로 초빙한 셈이다. 차제에 우리 언론 현실이 안고 있는 고통을 건강체로 만들어보겠다는 의지도 있다. 그럼에도 불구하고 집권위세처럼 비쳐질 수 있는 것은 성실한 설득자세의 부족이라 보고 있다. 이제 야당의 입장을 생각해 보자.

야당의 궁극목표는 선거에서 승리하여 여당이 되는 것이다. 오늘의 지식정보화 사회에서는 언론이 선거의 승패에 절대적인 역할을 하고 있다. 일례로 지난 대선에서 종편의 보수논객들이 오십대 후반 보수층을 일깨워 선거당일 막바지에 몰표로 몰았기 때문에 야당은 패배했다. 따라서 위원회 합의제에서 장관의 독임제로 넘어가는 것을 막아야 하는 것이 야당의 투쟁적 입장일 수 있다.

여야의 입장을 고려하면서 신정부 출범이 충돌로 탈선 할지, 정(正)과 반(反)이 합(合)으로 발전하여 국제경쟁에서 속도를 낼지가 국민 모두의 관심사다. 엄밀히 따지면 야당의 주장이 사회 안전을 위한 공공성이란 점에서 무시할 수는 없다. 달리는 자동차에는 가속페달과 브레이크가 있듯이 야당의 브레이크 역할은 안전을 위해 절대적으로 필요하다. 그러나 달리지 못하는 차는 고철에 불과하기 때문에 자동차의 주력은 가속페달에 있다. 따라서 미래창조과학부의 고성능 가속페달이 주기능이 되고 야당의 브레이크는 보조기능이 되어야 한다. 단지, 고성능 가속페달일수록 안전을 위해서는 동급수준의 브레이크가 필수적이다. 이 점에서 여당의 주장이 안전한 국제경쟁력을 갖기 위해서는 야당의 주장을 면밀히 검토하여 이에 걸 맞는 수준의 브레이크를 제안해야 한다. 즉 야당의 주장을 고성능 브레이크설계의 귀중한 참고자료로 받아들여야 한다.

이제 본론으로 들어가자.

첫째, 야당의 브레이크가 가속페달과 함께 작동하도록 방통위의 핵심기능은 미래창조과학부로 옮겨 효율적인 엔진시스템을 만들도록 하자.

둘째, 방통위의 합의제가 여3 야2인의 추천제가 출생부터 순수 전문가 심의제 기능을 하기 어렵다는 점이다. 미래창조과학부에서는 전문가 심의제가 제 기능을 할 수 있도록 제도적 장치를 법제화하고, 이 전문가 심의제를 On-line 국제전문가로 구성 운영하면, 국제적 공공성이 확보될 수 있다.

셋째, 이 전문가 심의 내용을 야당에 공람시켜, 야당의 의견을 받고 이를 첨부하여 국무회의에 상정하고 심의하여 최종 결정케 한다.

결국, 야당의 주장에 애정있는 반응을 여당은 보여야 하고, 여당의 주장에 설득력있는 설계도면을 야당은 제시해야 우리 국민은 정치권에 박수를 보낼 것이다. 이제 여야가 안방싸움하기에는 이 세상이 너무 급하게 변하고 있고, 싸움의 빌미는 곧장 의미를 잃게 된다. 과거와 현실 지향적 규제보다는 미래 지향적 규제가 절실하다. 고속자동차가 눈앞의 장애물을 보고 브레이크를 밟는 것보다, 미리 예측하고 속도를 줄이면서 즉각 브레이크를 밟아야 사고예방이 가능하기 때문이다. 때문에, 사고 예방용 자동예측브레이크를 지식사회의 규제장치로 개발하자.

이제까지 우리는 소유와 경영의 분리에서 거대 자본독식경쟁을 막을 수 있다고 생각했다. 그러나 뛰어난 콘텐츠와 기술의 힘이 막강해지면서, 거대자본보다는 지식재산 즉, 특허전쟁으로 경쟁의 양상이 급격히 바뀌고 있다. 때문에 지식재산을 창출하는 머리로서 우리 미래창조과학부는 규제적 야단보다, 격려적 칭찬을 해야 영재머리가 되지 않을까? 이제 선진국형 마무리를 하도록 하자. 야당의 공정성강화, 여당의 언론산업진흥과 더불어 가장 중요한 것은 문화와 역사인 셈이다. 국가발전도 역사와 문화 속에서 이루어져야 선진국이 될 수 있다. 때문에 자본주의식 약육강식이 언론분야의 역사와 문화를 침식하지 않도록 제도화하자. 즉 관치, 행치, 권치의 행정만능주의에서, 독금법, 독점형태의 지식재산권법, 부정경쟁방지법의 3대 법치시장경제주의로 전환해야 한다. 이점에 우리 정치권, 국민이 함께 관심과 애정을 가지면, 이번 진통이 선진국 언론산업을 추월하는 명품언론출산을 위한 산고가 될 것이다.

온라인 경제영역 헌법을 만들자

20대 국회 개원과 더불어 개헌론이 여기저기서 제기되고 있다. 국회의장은 국회 개원식에서 '개헌은 더 이상 외면하고 있을 문제가 아니다'라고 역설하면서 개헌에 불을 지폈으며, 각 정당 대표들도 개헌 논의에 동참하고 있다. 개헌이 대세라는 것은 움직일 수 없는 우리 정치의 현실이 되었다. 헌법은 국가의 기본법이다. 따라서 헌법을 자주 변경하는 것도 문제이지만 그렇다고 시대가 변했음에도 헌법을 개정하지 않은 것은 더욱 문제이다. 그런데 개헌을 둘러싼 우리 정치권의 관심사는 권력구조 개편에 치중돼 있다. 하지만 권력구조와 관련된 논의 말고도 필요한 논의가 또 있다. 바로 농업경제, 산업경제, 지식경제 등 역사발전에 따른 경제관련 헌법이다. 어떤 방향으로 경제관련 헌법을 개정해야 할 것인가이다.

최근 세간에 회자되었던 키워드 중 중요한 하나를 꼽으라면 소셜과 SNS을 들 수 있다. 스마트폰의 대량보급은 컴퓨터와 더불어 우리의 일상을 온라인 세상으로 만들어 버렸다. 상상해보자, 우리의 일상에 '스마트폰'이 차지하는 비중이 얼마나 큰가? TV, 컴퓨터, 전화기, 손목시계, MP3, 네비게이션, 카메라 등등 삶에 편의를 제공하던 제품들이 사라지고, 더불어 쇼핑, 만남, 업무까지도 스마트폰이 대체하고 있다. 본인이 원한다면, 집을 나서지 않아도 스마트폰만 있으면 모든 생활을 영위할 수 있다는 뜻이다. 그런 스마트폰이 세상에 나온지 7년 밖에 되지 않았다는 것은 더욱 놀라운 사실이다. 우리는 이미 자신도 모르게 O2O시대에 젖어들어 살고 있다는 것이다.

그러나 한국에서 O2O 비즈니스를 하려면 기술보다 법 공부를 많이 하게 된다는 말이 있다. 이미 오프라인 영역에 각 산업을 다루기 위한 법령들이 형성된 상태이기 때문이다. 따라서 기존 규제와 아슬아슬한 줄타기를 하면서도 소비자들의 욕구를 충족하는 서비스가 주목을 받는 경우가 많다. 하지만 사실상 O2O 비즈니스에 공통적으로 적용되는 법령이 따로 정해져 있지도 않다.

전형적인 온라인 비즈니스를 위해 검토가 필요한 법령들이 있기는 하다. 개별 O2O 비즈니스가 서비스하는 각 오프라인 영역에서 중개자 또는 공급자에게 요구하는 법령들이 존재하는 것이다. 예를 들어, 우버는 여객자동차 운수사업법, 에어비앤비는 공중위생관리법 등의 적용받은 적이 있다. 한국 법원은 2015년 6월 우버 택시 서비스가 불법이라고 판결 내렸고, 우버는 한국에서 영업할 수 없게 됐다.

단순하게 '규제가 스타트업의 발목을 잡는다'고 잘못 이해하면 안 된다. 이 부분이 사람들이 오해하기 쉬운 점이다. 현행 규제는 스타트업이 아니라 기존 사업자들을 관리·감독하기 위함이다. 이때 온라인 영역 관련해 예상하지 못한 점을 기존 규제에 그대로 적용하다 보니 문제가 생긴 것이다. 이에 대해 전문가는 "신규 O2O 서비스에 적합한 새로운 규제가 필요하다는 측면에서 바라봐야"하며, "무조건 규제 철폐를 주장하려고만 하면 여론의 호응을 얻기 어려워질 수 있다"는 의견을 밝혔다.

그렇다면, O2O 서비스 출시 전에 법적으로 미리 준비할 방법은 없는 걸까. 이에 전문가는 "특정 규제와 부딪히는 O2O 서비스가 출시되기 전에 해당 법령을 선제적으로 개정하기는 어렵다. 다만 규제들이 대부분 허용하는 것들을 나열하고 나머지는 금지하는 포지티브 형태이므로, 앞으로는 이를 네거티브 형태로 바꿔가는 것이 바람직하다"고 답했다. 즉, 포지티브 규제로는 급변하는 첨단산업의 내용을 따라 갈 수 없으니, 아이디어를 더 자유롭게 실현할 수 있도록 지원해야 한다는 것이다. 물론 포지티브 규제를 따르는 대신 사고 발생시에는 더욱 엄격한 책임 부과도 따라야 한다. 현재 정부는 나름대로 각종 규제를 개선하려는 노력을 하고는 있으나, 아직까지 확실한 결과가 나오지는 않았다. O2O 비즈니스의 규모는 갈수록 커지고, 상황은 악화되는 속도에 비해 안타까운 점이다.

따라서 이에 따라 헌법상에 온라인경제 영역을 추가해야 한다. 보다 자유로운 환경 속에서 활동할 수 있게 그들만의 도로를 건설하자는 것이다. 오늘날 지식사회에서는 인간이 만든 문화·예술·게임 캐릭터가 경제활동의 주체가 되어 온라인에서 맹활약 중이다. 대표적으로 최근 한류세계의 '태양의 후예'가 온라인을 통해 퍼져나가면서 중국이 뜨겁게 달궈졌다. 그의 주인공인 배우 송

중기의 옷걸이가 생산될 정도로 어느 국민보다 사이버 영토에서 위력적인 경제주체가 되어 활동하고 있다. 그렇다면 헌법의 국민개념에 이런 캐릭터를 포함시키는 것도 사이버 세계 지향적 발상이 되지 않을까.

헌법상의 국민과 영토개념이 바뀌면 헌법상의 주권도 바뀔 수밖에 없다. 우리 헌법은 "대한민국의 주권은 국민에게 있고, 모든 권력은 국민으로부터 나온다"고 규정하고 있다. 또한 일반적으로 입법 · 사법 · 행정이라는 국가 권력의 기초적 지배권력을 주권으로 규정하고 있다. 이런 산업국가의 주권개념도 두뇌형 지식국가의 기본 틀에 걸맞도록 바뀌어야 한다.

우리 경제의 비상 탈출구!

일본은 기초, 첨단에서, 중국은 응용, 상용화에서 우리를 앞서가고 있다. 그 틈새에서 우리의 산업 경쟁력은 점점 떨어지면서 전자, 조선, 자동차등 주력 수출산업은 내리막길을 걷고 있다. 드디어 수출 의존형 우리 경제에 비상이 걸렸다. 특히 이로 인한 서민경제와 청년실업 문제는 국민의 사기를 떨어뜨리고 있다. 우리경제의 비상탈출구는 어디서 찾아야 할까?

그 해답은 수출과 수입의 등식관계에서 찾아야 한다. 즉, 수출이 줄면, 적자를 줄이는 길은 수입을 줄이면 된다. 특히 수입 대체산업을 일으켜서, 이를 수출산업으로 전환하면 오히려 무역흑자는 대폭 늘 수밖에 없다. 이 길이 바로 우리 경제의 비상탈출구가 될 수 있다. 가령 주력 품목인 반도체, 조선, 자동차의 총 수출액이 약 1,500억불이다. 반면 수입의 주축인 에너지 수입은 1,750억불이다. 수출이 줄더라도 우리의 에너지 수입을 자립으로 전환하면, 우리 경제의 수출과 수입의 등식 관계가 호전된다. 더욱이 에너지 자립 기술을 바탕으로 오히려 에너지를 수출하게 되면, 수입과 수출 구조는 흑자로 전환하게 된다.

과연 에너지 자립은 가능할까?

첫째, 후쿠시마 원전 사고로 IAEA는 대형 원전에서 중소형 원전으로 전환을 선언했다. 둘째, 소형원전은 러시아 핵 잠함 내에서 반세기 이상 안전하게 사용한 소형 모듈형 기술 모델이 이미 정립이 되어 있다. 셋째, CO_2 주생산국인 미국과 중국이 주도하여 CO_2 규제를 강화하기 위한 파리협정을 체결했다. 이런 국제 환경을 종합해 보면, CO_2가 발생하지 않는 소형 모듈형 원전이 이제는 핵심 에너지 공급원이 될 수밖에 없는 상황이다.

이미 우리는 대형 원전과 SMART 원전 등 첨단 원전기술을 보유하고 있다. 더욱이 양궁, 골프 등 섬세하고 소형인 분야의 최고 경쟁력을 가지고 있다. 때문에 러시아의 소형모듈형 원전의 상용화를 서둘면 이 분야에 삼성 스마트폰처럼 최선두가 될 수 있다. 선진국들은 대형 원전의 기득권층 저항과 국민의 반핵 감정을 극복하는 것이 쉽지 않다. 우리는 과거 IMF 때 우리 국민들이 보여준 저력을 생각하면, 선진국들이 발목 잡혀 있을 때 러시아 소형 모듈형 원전의 상용화에 다시 한 번 국민 저력을 보여줄 수 있다.

선진국 에너지 정책변화도 우리에게는 어부지리가 될 수 있다. 가령 오바마 대통령은 소형 모듈형 원전을 청정에너지인 대체에너지에 포함시켰다. 유럽, 일본 등 원전 선진국들이 드디어 소형 모듈형 원전을 에너지 문제 해결의 대안으로 받아들이고 있다.

따라서 대외환경도 모듈형 원전 수출이 가능해졌기 때문에 우리도 에너지 수출국이 될 수 있다. 인도네시아 등 동남아 국가들, 몽고 등 내륙국가들, 중남미와 아프리카 등 수많은 개도국에 소형 모듈형을 자동차처럼 수출이 가능하기 때문이다.

과연 소형모듈원전 기술로서 지방자치 경제를 살리고 청년 일자리도 만들 수 있을까?

국가의 1750억불 에너지 수입을 각 지방자치가 소형모듈원전으로 수입 대체하면, 200억불 정도의 각 지방자치 경제 몫이 생기게 된다. 무엇 때문일까? 지금까지의 대형원전은 한수원 등 대형기업의 공영화 방식이지만, 소형원전은 지방 전문기업의 민영화 방식이다. 때문에 지방자치별로 최소한 10개 이상의 민간 에너지 전문기업이 탄생할 수 있다. 이로 인해 새로운 청년 일자리가 생기게 된다. 더욱이 소형 원전을 삼성 스마트폰처럼 수출한다면, 지방자치 수출경제가 해외에 청년 일자리도 만들게 된다.

박정희 대통령은 미래의 통찰력으로 GNP 300불 시대에 2억불을 차관하여 원자력 발전소를 건설했고, 그 덕에 산업입국이 가능했다. 이제 에너지 수입을 에너지 수출산업으로 전환하는 발상의 대전환이 절실하다. 이를 실현할 수 있는 정치지도자의 결단이 우리 경제의 비상탈출구를 마련할 수 있다.

우리 정치시스템 전체를 개혁하자!

탄핵! 그 대상은 대통령만이 아닌 정치시스템 전체가 되어야 한다. 무엇 때문일까? 역사는 미래의 거울이다. 과거 구한말의 역사상황을 보자. 산업화된 세계의 열강으로부터 문호 개방을 요구받던 조선은, 역사 변화를 거부하고 농업사회의 안방정치에 안주 했다. 결국 우리 국민은 일본 식민으로 전락되었고 그 후유증으로 오늘의 남북분단이란 고통을 겪고 있다.

그렇다면, 현재는 어떠한가? 국내는 대통령 탄핵이라는 사태로 국가 전체가 뒤숭숭하고, 해외는 트럼프 대통령 당선으로 국제정치뿐만 아니라 경제와 금융 등이 요동치고 있다. 우리는 어떻게 역사 변화에 대응해야 하는가? 역사 변화의 폭풍을 순풍으로 이용하면 선진국으로 도약할 수 있지만, 역풍으로 부딪치면 후진국으로 몰락될 수 있다는 것이 역사의 진리다. 진리를 외면하고 다시 불행한 역사를 반복해야할까? 오늘, 우리의 정치시스템을 보자. 조선·해운·중화학·전자 등 산업경제는 무너지고 거제·통영·울산·구미 등 관련 지역경제는 고통 속에 신음하고 있다. 그러나 우리 정치는 산업사회 속에서 안방싸움만 하고 있을 뿐이다. 이렇게 무너진 서민경제 속에서 국민들이 처절하게 내뱉는 비명의 에너지가 현재 정치시스템의 정점인 대통령을 향해 탄핵이란 태풍으로 몰아친 것이다. 이 나라 미래인 청년들은 실업의 늪에 빠져있고, 대졸생들은 캄캄한 현실에 고뇌 하고 있다. 이들의 미래를 향한 소리 없는 아우성은 무엇일까? 구한말 정치를 닮은 오늘의 정치시스템 전체를 탄핵과 같은 태풍으로 개혁해야 한다는 것이다.

그렇다면, 어떻게 개혁해야 할까? 산업국가가 중앙집권적 규모화의 경쟁시대라면, 지식국가는 분권적 자율성의 전문화 시대라는 것이 특성 있다. 앞으로 제왕적 중앙집권시스템인 대통령제는 탄핵이라는 태풍에 휩쓸려, 다양성의 분권적 전문자율시스템으로 바뀌게 될 것이다. 이제는 대통령 탄핵을 출발점으로, 입법·사법·행정 등 현행 정치시스템 전체가 탄핵되어야 한다는 것이 대다수 국민들의 소리 없는 아우성이다. 첫째, 국회인 입법시스템이다. 여·야 제도는 정·반이 합으로 발전되기 위한 변증법적 제도인데, 야당은 합을 창조하는 반의 역할이 전무하다. 여당 못지않게 야당도 절실한 반성이 요구된다. 특히 입법부인 국회는 소리치고 야단치는 곳이 아니다. 지식사회를 선도하는 다양한 전문입법을 시대변화에 맞게 신속한 법 제정·개정을 하는 곳이다. 야단치고, 벌주는 것은 입법부가 만든 법에 따라 행정부와 사법부가 해야, 진정한 법치국가가 된다. 이와 같은 입법부가 되기 위해서는 다양한 분야의 전문가들이 국회에 들어가야 한다.

오늘의 소선거구제는 전문가 입성이 불가능하다. 오로지 제왕적 정당공천권과 권투선수 선발전의 행사장이나 다름없다고 한다. 지식사회형 입법부가 되기 위해서는 소선거구제를 과감하게 탄핵하고 중대선거구제로 개혁되어야 한다. 물론, 사법부와 행정부도 지식사회를 선도할 수 있도록, 대다수 국민들은 탄핵에 버금가는 개혁을 열망하고 있다. 지식산업사회의 세계 선진국들은 국제경쟁력의 우위를 차지하기 위해 그 나라 국민의 두뇌생산성을 높이는데 주력하고 있다. 국민의 두뇌생산성 향상은 산업사회형의 처벌·규제·관리로서는 불가능하다. 오로지 지식사회형의 자율·격려·지원을 통하여 향상시킬 수 있다. 하지만 현행 사법부와 행정부는 지식사회형 시스템과는 한참 동떨어진 것이다. 차제에 입법·사법·행정부 전체가 개혁되어야 한다는 대다수 국민의 소망이 현재 대통령 탄핵의 저변에 깊이 깔려있다는 것을 알아야 한다. 리우 올림픽에서 양궁·펜싱·사격·골프 등 두뇌형 종목에서 우리는 금메달을 획득했다. 이는 지식사회의 국제경쟁에서 한국이 금메달 국가가 될 수 있다는 것을 입증한 셈이다. 민주국가의 주인공은 어디까지나 그 나라 국민들이다. 따라서 이 같은 개혁은 정치인을 출산하는 산모인 국민들이 선거제도를 통해서 행사할 수 있는 위대한 몫이다. 국민도 위대한 산모가 되기 위해서, 지식사회형 사고와 행동을 꼼꼼히 반성하고 또한 학습해야 한다.

우리 청문회 방식으로 이순신의 등용이 가능했을까?

한산섬 달 밝은 밤에 수루에 홀로 앉아
큰 칼 옆에 차고 깊은 시름 하는 차에
어디서 일성호가(一聲胡笳)는 남의 애를 끊나니

선조때 충무공 이순신이 지은 한산도가(閑山島歌)이다. 전라좌도 수군절도사가 되어 한산도에서 군진을 치고 있을 때의 착잡한 심회와 충정이 고스란히 드러나 있다. 또한 난국의 상황에서 피끓는 심정으로 진정하게 나라를 걱정하는 지도자의 충심이 눈에 선히 보인다.

한산도가에 나타난 이순신 장군의 충정의 반만큼이라도 나라를 걱정하며 잠을 못 이루고 있는 지도자가 오늘날에도 많이 나와야 한다. 그렇다면 21세기 이 시대에 이순신 장군과 같은 인물이 다시 등장할 수 있는 정치적, 사회적 환경은 조성되어 있는가?

이순신 장군이 수군절도사에 임명되면서 오늘날과 같은 청문회를 거쳐야 했다면 과연 어떤 상황이 펼쳐졌을까? 우리의 청문회 문화에 투영하여 되짚어 보는 의미에서 청문회에서 나왔을 법한 질문을 몇 가지 정리해 보자.

"후보자는 율곡의 가까운 인척이죠? 더구나 좌의정 유성룡과는 어릴 적부터 친한 친구였으니 그 후광으로 절도사에 임명된 거 아닙니까? 이야말로 전형적인 정실인사요 낙하산 인사지요? 어떻게 생각합니까?"

"후보자는 무과에서 가장 커트라인이 낮은 병과로 턱걸이 급제했고, 그것도 원래 문과를 준비하다가 어떻게든 벼슬자리 하나 잡아 보겠다고 무과로 바꾸신거죠? 장수에게 가장 필요한 것은 일관된 자세와 신념일텐데 그런 점에서 자격과 자질 미달이고 기회주의자의 전형 아닙니까?"

“후보자는 자신이 맡은 수군만호부의 군수물자 관리 부실로 파직을 당했지요? 부당이익은 얼마나 챙겼지요? 도대체 부대 관리는 할 수 있겠습니까? (이는 이순신에 평소 앙심이 많던 당시 전라좌수사 서익의 모함에 의한 것이었다)”

“후보자는 여진족과의 전투에 패배해서 또 파직 당했지요? 백의종군 한 것이 가상하긴 하지만 야만인들인 여진족의 수백명 공격에도 맥을 못 추었는데 조선의 바다를 지킨다는 게 말이 되는 얘기인가요? 자진사퇴할 의사 없으세요?”

이처럼 현재의 분위기와 잣대를 그대로 들이댔을 때 과연 이순신 장군이 전라좌수사로 임명받을 수 있었을까? 아마 이순신 장군도 청문회 과정에서 인격적 모독을 견디지 못하고 낙마했을 가능성이 많을 것이다. 임진왜란의 우리 바다는 어떻게 되었을까? 바다뿐만 아니라 우리 국토 전체가 초토화 되고 경술국치 수백년 전에 이미 일본의 식민지로 전락했을지 모른다.

최근 극장가에서는 영화 ‘명량’이 연일 흥행기록을 세우며 최고의 화제다. 전 국토를 흔들 듯 한 폭발적인 반응 때문에 너나 할 것 없이 소위 이순신 마케팅이 여기저기서 이루어지고 있고, 민심에 민감한 정치권에서도 마찬가지다. 하지만, 입으로는 이순신을 떠들면서도 정작 이순신이라는 명장이 어떻게 탄생하게 되었는지에 대해서는 누구도 궁금증을 가지고 고민을 하지 않는 듯하다.

임진왜란 이전 이순신의 삶은 승리자이기는 커녕 청렴하지만 고집불통이고, 똑똑하기는 할지 모르나 실적은 변변치 않은 별 볼일 없는 무장 중 한 분이였다고 해도 과언이 아니다. 유성룡이라는 절친의 적극적 후원과 선조의 초기 지원이 없었다면 전라좌수영을 지키는 것은 불가능한 일이었을 것이다.

현재의 내우외환 상황은 여러 면에서 임진왜란 당시 상황과 크게 다르지 않다. 밖으로는 과학과 기술로 국가경제를 일으키겠다는 ‘과기흥무(科技興貿)’를 모토로 하는 중국이 인적, 물적 투자를 과학기술에 집중하여 글로벌 시장에서 이미 우리나라를 앞서 나가는 강력한 경쟁자가 되었고, 일본은 미국의 지원하에 집단적 자위권을 내세우며 우방에 대한 원조 운운하고 있지만 기본적으로는 강군화를 추진하여 군사패권을 회복하겠다는 저의를 보이고 있다. 여기에 이미 상당한 수준의 핵무기를 확보한 것으로 보이는 북한까지 가담하여 점점 더 노골적으로 위협의 강도를 높여가며 남북관계는 물론 동북아 전체의 안보를 위협하고 있다. 대한민국을 둘러싼 국제 정세는 그야말로 혼돈의 소용돌이 속에 있어 정신을 바짝 차리지 않으면 국제사회에서 우리의 설자리가 급속히 좁아져버릴 수 있는 위협이 계속되고 있는 것이다.

안으로는 어떤가. 최근들어 몇 개월 동안 우리 국민들은 정신없이 쏟아진 우환에 의해 여러 가지 '시름'에 잠겨 헤어나질 못하고 있다. 임명하기만 하면 줄줄이 낙마해서 더 이상 할 사람을 찾기 어렵다는 말까지 나오는 청문회의 난맥상에서부터 시작하여 소년소녀들을 수장시킨 세월호 사건이 아직까지 우리를 상심하게 만들고 있고, 이제 세월호가 마무리 단계로 들어가나 싶더니 군부대에서 발생한 인권유린 사태가 다시 그야말로 전 국민을 '시름'에 잠기게 만들고 있는 중이다. 벌어진 사건들도 사건들이지만 현재 우리를 가장 시름에 잠기게 하는 것은 수년 동안 바닥에 떨어진 서민경제가 좀처럼 살아날 기미를 보이지 않고 서민들을 괴롭히고 있는 것이 아닐까. 엎친데 덮친 격으로 정부에서는 자금출처 조사까지 강화되면서, 일반 서민들은 영향이 없다고 하는 정부의 말이 무색하게, 실제적으로는 자금의 흐름을 막아버려 서민경제가 앓아눕는 지경에 까지 이르게 되었다.

'명량'이 이렇게 사랑을 받고 있는 것은 임진왜란 당시의 헐벗고 굶주리며 정권에 의해서도 보호를 받지 못하고 살아가던 백성들의 참상이 너무나 현재의 현실과 비슷하기 때문이 아닐까? 작금의 내우외환 상황이 임진왜란 당시 상황과 그대로 겹쳐 보이면서 이순신과 같이 국난을 극복할 수 있는 지도자를 간절히 염원하고, 나아가 상처 받은 민심과 기울어진 국력이 이순신 장군이라는 훌륭한 리더쉽을 통해 구사일생으로 살아났듯이 오늘날 우리들도 그 때처럼 구원과 힐링을 받고 싶어 하는 국민들의 정서가 그대로 반영된 것이다.

이 위기의 시대에, 국민들이 '명량'의 흥행을 통해 그 열망을 보여주었듯이, 또 다른 이순신이 계속 나오기 위해서는 이순신이 낙마할 가능성이 큰 방식으로 하는 청문회는 바뀌어야 한다. 냉정히 말해서 현재의 정치풍토는 이순신을 등용한 조선 중기보다도 낫다고 할 수 없다. 인재를 등용하는데 있어서 미래를 위한 능력 검토는 뒷전으로 밀리고, 모든 수단을 동원해 과거의 잘못과 실수를 들춘다면 이순신 같은 인재를 등용할 수 있을까? 국가에 기여할 기회를 사전 봉쇄해 버리는 형상이다.

국가가 인재들을 등용하는데 이렇게 국력이 낭비되어서는 안 된다. 사회적 분위기의 변화가 절실하다. 패자의 경륜과 지혜가 부활 할 수 있는 사회 환경이 필요하다. 정치권, 언론 아니 전 국민이 함께 이 같은 분위기를 만들어가야 한다. 과거의 실수와 잘못에 대한 비난은 어렵지 않은 일이다. 용서와 관용은 훨씬 힘든 고통과 인내를 요구한다. 하지만 어렵더라도 또 당장은 상대의 잘못이 눈에 보이더라도 이순신 같은 패자부활전의 기회를 줄 수 있어야 한다. 그래야 몇 번의 실패를 통해 불패의 지혜를 쌓게되어 결국은 나라를 구하는 제2, 제3의 이순신이 각 분야에 나타날 수 있다. 인물에 대한 평가에는 당파, 지연, 학연에 의한 것이 아닌 오직 미래에 대한 식견과 추진력에 기반해야 한다. 이제부터라도 미래의 청사진을 두고 심사를 하는 지식사회형 청문회가 되어야 할 것이다.

133척의 배를 가지고도 패했던 원균의 '칠천량해전'과 불과 한달여 사이에 12척의 배만 가지고도 승리를 이끈 이순신의 '명량해전'은 누가 리더인가에 따라 압도적인 전력의 차이에도 불구하고 그 승패를 달리할 수 있다는 사실을 우리에게 보여준다. 명량해전은 이순신의 능력과 전술이 특히나 돋보인 해전이었다. 패자부활전을 거친 경륜과 지혜가 없었다면 이처럼 기적적인 승리를 이루지 못했을 것이다.

이제 우리도 이순신과 같은 리더가 필요하다면 국민들이 앞장서서 사회분위기를 만들어야 한다. 23전 23승이라는 인류 해전사에 전무후무한 그의 업적은 수많은 좌절과 실패에도 불구하고 끊임없이 그에게 수차례 기회를 부여해준 지도자의 결단, 그리고 힘든 노역에도 묵묵히 보조해준 백성들의 지지에서 탄생한 것임을 잊지 말자.

이순신장군의 출세를 시기하며, 수단 방법을 다해 끌어내리려 애썼던 혼백... 백성을 향한 충(忠)의 일념에서 목숨을 바쳤던 이순신 장군의 혼백.. 후손으로서의 우리의 피 속에는 이 두 가지 혼백이 모두 혼재되어 있다. 우리는 어느 쪽을 선택해야 할 것인가?

이순신과 패자부활전

"후보자는 율곡의 가까운 인척이죠? 더구나 좌의정 유성룡과는 어릴 적부터 친한 친구였으니 그 후광으로 절도사에 임명된 거 아닙니까? 이야말로 전형적인 정실 인사요, 낙하산 인사지요? 어떻게 생각하십니까?"

"후보자는 자신이 맡은 수군만호부의 군수물자 관리 부실로 파직을 당했지요? 부당이익은 얼마나 챙겼지요? 도대체 군 관리는 할 수 있겠습니까?"(이는 사실이 아님이 밝혀졌음)

위의 대화는 이순신 청문회의 가상현실이다. 요즘 극장가에서는 영화 〈명량〉이 연일 흥행기록을 세우며 화제다. 폭발적 반응 때문에 이른바 이순신 마케팅이 여기저기에서 이루어지고 있다. 하지만 입으로는 이순신을 떠들면서도 정작 이순신이라는 명장이 어떻게 탄생했는지에 대해서는 누구도 궁금증을 가지고 고민하지 않는 듯하다.

임진왜란 이전 이순신의 삶은 승리자는커녕 청렴하지만 고집불통이고, 똑똑할지는 모르나 실적은 변변치 않은 별 볼 일 없는 무장 중 한분이었다고 해도 과언이 아니다. 유성룡이라는 절친의 적극적 후원과 선조의 초기 지원이 없었다면 전라좌수영을 지키는 것은 불가능한 일이었을 것이다.

현재의 내우외환 상황은 여러 면에서 임진왜란 당시 상황과 크게 다르지 않다. 밖을 보자. '과기흥무'(科技興貿)로 인적, 물적 투자를 과학기술에 집중하여 글로벌 시장에서 우리 기업을 위협하는 중국과 미국의 지원하에 강군화를 추진하여 군사패권을 회복하려 노력하고 있는 일본, 여기에 이미 상당한 수준의 핵무기를 확보한 것으로 보이는 북한까지 가담하여 동북아 전체의 정세는 한 치 앞을 예상하기 힘들다. 세월호 사건에 군부대 인권유린 사태까지 겹치며 전 국민을 고통에 빠지게 하고 있다. 위기의 상황에서 모든 국민은 이순신과 같이 국난을 극복할 수 있는 리더가 나타나기를 염원하고 있다.

하지만 냉정히 말해서 현재의 정치권은 이순신을 등용한 조선 중기보다도 못한 것은 아닐까? 미래를 위한 능력 검토는 아랑곳하지 않고 모든 수단을 동원해 과거의 잘못과 실수를 들추어낸다면 어떻게 이순신 같은 인재를 등용할 수 있을까? 때문에 오늘의 우리 청문회 잣대로는 결코 이순신이 전라좌수사로 임명동의를 받지 못했을 것이다. 오히려 쏟아지는 인격 모독 속에 끝내는 낙마하고 씁쓸히 귀향길을 떠났을 것이다.

국가의 인재들이 이렇게 낭비되어서는 안 된다. 사회적 분위기의 변화가 절실하다. 정치권, 언론 아니 전 국민이 함께 이와 같은 분위기를 만들어가야 한다. 과거의 실수와 잘못에 대한 비난은 어렵지 않은 일이다. 용서와 관용은 훨씬 힘든 고통과 인내를 요구한다. 하지만 어렵더라도 또 당장은 상대의 잘못이 눈에 보이더라도 이순신 같은 패자부활전의 기회를 줄 수 있어야 한다. 23전 23승이라는 그의 업적은 수많은 좌절과 실패에도 불구하고 끊임없이 그에게 수차례 기회를 부여해준 지도자의 결단, 그리고 힘든 노역에도 묵묵히 보조해준 백성들의 지지에서 탄생한 것임을 잊지 말자.

트럼프의 혁명적 에너지정책!

인간이 왜 모든 동물의 제왕으로 군림할 수 있을까? 머리를 창의적으로 쓰는 동물이고 창의적 경영으로 비즈니스를 할 수 있기 때문이다. 한마디로 요약하면, 인간은 비즈니스 동물이다. 일부 정치학자들은 이런 점에서 트럼프를 대표적 비즈니스 대통령이라고 한다. 미국경제 최우선주의를 정치핵심과제로 외치는 트럼프 대통령이 등장하면서 국제정치는 치열한 비즈니스 분위기로 바뀌고 있다. 기존의 외교적 국제경제협약은 어쩔 수 없이 무너지고 있다. 마치 미국의 서부개척시대 분위기와 흡사하다. 권총대결의 핑계는 국가이익 문제로 집약되고 있다. 에너지경제가 인류 경제의 심장이기 때문에 당연히 트럼프의 최대 관심사가 되고 있다. 따라서 트럼프의 에너지정책이 국익최우선 차원에서 잉태되고 있다. 그것은 기존 에너지정책과 비교하면 가히 혁명적이다. 그 핵심은 태양이 핵융합으로 지구에 무공해 에너지를 무한히 공급하는 것처럼 핵융합 방식의 에너지정책을 채택하고 있다. 왜 핵융합에너지정책이 혁명적인가? 첫째는 미국 석유마피아를 위시하여 세계에너지경제의 기득권층에 대한 선전포고인 셈이다. 둘째는 세계경제에 뿌리내리고 있는 에너지 가격체계를 망가뜨리겠다는 폭탄선언이나 마찬가지다. 지금까지는 석탄, 석유 등 자원에너지와 태양열, 원자력 등 대체에너지가 쌍벽을 이루면서 서로 보완적 경쟁을 해왔다. 최근 지구온난화로 인한 인류멸망설 때문에, 자원에너지 세력은 저항을 받는 반면, 대체에너지 세력은 고개를 들고 있다. 대체에너지의 주축인 현재의 핵분열 원자력시장은 러시아가 악셀레터 역할을 하고 있다. 미국은 막강한 석유마피아 세력 때문에 국민의 안전성을 빌미로 브레이크 역할을 하고 있다. 만약 미국이 핵융합 원자력을 주도하게 되면, 원전 시장에서 러시아를 꺾고, 미국이 에너지경제의 제왕이 될 것은 분명하다. 드디어 서부개척정신으로 무장한 트럼프 정치가 미국경제 최우선주의의 기치 아래, 한 손에는 성조기를 들고, 다른 한 손에는 핵융합 기치를 들고, 세계에너지시장의 광야를 휩쓸 예정이다. 과연 트럼프가 미국대통령선거처럼 핵융합으로 상식 수준을 뛰어 넘어 에너지시장의 제왕이 될 수 있을까? 그러나 유사한 사태가 일어날 것이라는 것이 전문가의 판단이다. 무엇 때문일까? 원료공급 면에서 보면, 핵분열은 우라늄이지만 핵융합은 바다에서 무한히 공급될 수 있는 중수소이다. 또한 핵분열은 방사성폐기물 처리가 골치 덩어리지만, 핵융합은 대표적 청정에너지원이다. 특히 에너지가격 면에서는, 핵분열의 원자폭탄보다 핵융합 수소폭탄의 에너지가 월등히 강력하기 때문에, 에너지 수요・공급의 가격체계 상 핵융합 쪽이 훨씬 값쌀 것으로 예측되고 있다. 단지 핵융합의 기술적 조건이 현재로서는 극초고온 등 핵분열보다 월등히 까다로운 조건이다. 때문에 이 같은 문제를 해결하여 상용화에 성공하기에는 달나라 여행처럼 어렵고 긴 세월이 걸릴 것으로 인식되고 있다. 이와 관련된 세계적 연구개발의 두 줄기는 프랑스 중심의 국제공동연구 토카막 방식과 미국 국립 리버모어연구소 방식이다. 한국의 K-Star는 토카막 유사 방식으로 2017년 62억원 예산이 투입될 예정이다. 그러나 연구개발 본능은 땅속의 뿌리처럼 보이지 않게 지속적으로 진행되는 특성이 있다. 이 같은 속성의 연구결과물로 극소형 시제품이 미국 록키드 마틴과 미국 국방성 DARPA 프로그램에 의하여 이미 등장했다. 이들은 가까운 시일 내에 특수시장에서 상용화 될 것이며, 특히 우선적으로 소형핵승용차에 적용될 것으로 예측된다. 핵융합승용차가 개발되면, 자동차의 출고부터 폐차까지 기름 한 방울이 필요 없고, 배기 매연이 없는 소위 Dream Car가 출현할 것이다. 이런 면에서 불가능을 가능하게 만드는 것은 무엇일까? 과거와 현재 지향적인 오늘의 우리 정치가 아니다. 더 더욱이 꿈과 희망을 향한 강한 집념이 없는 대통령 후보들이 아니다. 오로지 과학기술이다. 위대한 정치 지도자는 과학기술 개발에 정치・사법・행정이 뒷받침하도록 강력한 리더십을 발휘했다. 결국 인간이 추구하는 가장 이상적인 에너지원은, 태양과 같은 핵융합이다. 이를 실현하는 과정에는, 수많은 장벽을 무너뜨려야 한다. 이는 과학기술을 바탕으로 혁명적 사고를 하는 미국 대통령만이 가능한 일이다. 아시아-태평양의 풍부한 중수소를 활용하는 트럼프의 혁명적 에너지정책이 토대를 깔면, 우리는 응용과 상용화의 천부적 재능으로 새로운 에너지산업을 재빨리 만들어야 한다. 이를 통하여, 전자, 자동차 등 1,550억 달러의 수출액과 1,750

억 달러의 에너지 수입액이라는 적자 구조를 혁명적으로 바꾸어야 한다. 그러나 오늘의 대다수 정치인 구호와 대선 출마자들을 보면, 세계경제의 혁명적 변화와는 너무도 거리가 멀다. 과학기술에 채찍과 당근을 활용하면서, 서민경제와 젊은이 일자리를 창출하는 트럼프형 비즈니스 정치인이 절실하다. 트럼프 정책을 활용하는 창조적 정치인의 출산이, 오늘날 우리 국민의 역사적 사명이다.

한국도 에너지산업의 최강국이 될 수 있다!

글로벌경제 중 가장 큰 부분이 에너지경제이고, 그 다음이 식량경제이다. 이처럼 큰 에너지경제에 있어서, 우리나라가 최강자가 될 수 있는 기회가 왔고, 이 기회를 잡아야 한다. 산유국이 에너지강국으로서 경제 강국이 되는 동안, 세계의 각 국가는 온실가스, 지구온난화 등 인류생존 문제로 어려움을 겪고 있다. 그 이유는 온실가스의 주범인 석탄 등 자원에너지의 사용으로부터 시작되기 때문이다.

자원에너지 중 효율성, 안전성, 경제성을 모두 갖춘 에너지는 무엇일까? 에너지의 변천사를 보면, 나무, 석탄, 기름, 가스 등 자원에너지의 사용은 점진적으로 태양열, 풍력, 조력, 원자력 등 기술에너지로 변천되고 있다. 경제성과 온실가스 등 문제로 인해 기술에너지인 원자력이 주축이 되었지만, 후쿠시마 원전사고 이후 대형원전에 대한 안전성을 우려하는 시각이 매우 커졌다. 그럼에도 불구하고 에너지의 효율적 수급차원에서, 세계원자력기구는 세계전문가회의를 거처 원자력을 포기하는 것 보다 안전성이 대폭 강화된 중소형원전으로 전환해야 한다는 원칙을 선포하고, 이를 원전국가들에 권고하는 입장이 되었다. 그렇다면 대형원전의 본질적 문제점은 무엇인가? 핵분열의 부산물인 방사성폐기물, 방사능 누출과 피폭의 문제다. 특히, 대형원전의 안전에 영향을 줄 수 있는 지진과 해일 등에 대한 우려가 크다. 지구과학자들은 지구온난화로 인해 지진과 해일의 빈도와 강도가 점차 확대 될 것이란 주장을 하고 있다.

이와 같은 핵분열 방식의 대형원전에 대한 발전적 대안은 무엇일까? 그 대안은 납-비스무스 금속냉매와 폐쇄적 모듈형의 자연냉각방식인 50메가 이하의 소형모듈형원전이다. 이것은 차세대 원자력 심의기구(Gen4)로부터 현존 대형원전 보다 1000배 이상 안전성이 공인되었기 때문이다. 이와 더불어, 무한청정에너지를 공급하는 태양의 에너지생산 방식은 무엇일까? 태양의 에너지생산 방식인 핵융합 방식이다. 그동안 인류가 첨단과학기술을 동원하여 핵융합

연구에 몰두한 것은 사실이다. 그러나 핵융합기술의 상용화는 아직도 가마득한 미래의 것으로 보고 있다. 무엇 때문일까?

핵융합은 1억도 정도의 극초고온에서 발생되어 핵분열보다 매우 까다로운 기술적 조건을 갖고 있다. 따라서 현재 국제공동연구의 토카막 방식과 미국 국립리버모어연구소 방식의 양대 연구도 그 결과를 2040년 이후로 예상하고 있다. 꿈의 에너지원인 핵융합 연구가 이렇게 부진한 근본적 문제가 무엇일까?

첫째, 핵분열과 핵융합은 에너지의 형성 철학이 본질적으로 다르다. 즉 핵분열은 투쟁의 에너지인 반면, 핵융합은 사랑의 에너지이다. 둘째, 투쟁의 에너지는 대규모 전쟁의 형태로 비유되는 반면, 사랑의 에너지는 남녀 간 사랑의 형태로 비유될 수 있다. 수많은 인류의 탄생은 바로 이 사랑의 에너지에 의한 산물이 아닌가? 셋째, 투쟁의 에너지는 물리적 온도로서 측정과 ·조절이 가능하지만, 사랑의 에너지는 남녀의 상대성 이론에 의한 감성적 온도로 결정된다.

이 같은 철학을 핵융합에 적용함으로써 상용화 단계에 진입한 성공실례가 있다. 그것은 경제성과 무관한 미국방성 DARPA연구의 극초소형 성과물이다. 이 극초소형 핵융합방식은 무공해 핵승용차를 위시해서 스마트에너지원으로 지식사회의 주류 에너지원이 될 것이다. 우리가 응용, 상용화의 천부적 DNA를 활용한다면, 삼성의 스마트폰이 세계시장을 석권한 것처럼 세계 에너지시장을 스마트 에너지원으로 석권하게 될 것이다. 그러나 이를 가로막는 최대의 장벽은 무엇인가? 바로 우리의 보수적 사고이다. 빌 게이츠, 스티브 잡스는 물론 과거 미국경제를 세울 수 있었던 것은 석유의 록펠러, 철강의 카네기, 자동차의 포드 등도 기존의 사고를 깨고 과감하게 도전했기 때문이다.

오늘날 고도성장을 이룬 우리의 피 속에는 바로 이 같은 도전과 응전의 기와 혼이 넘치고 있다. 이제, 에너지 최강국을 우리 후손들에게 물려줄 때가 되었다!

이상희 컬럼 시리즈 1
기적은 1%의 영감과 99%의 감성 정가 10,000원

발 행 2020년 6월 10일 초판 1쇄
저 자 이상희
발행인 전귀연
발행처 **신 광 문 화 사**
경기도 파주시 광인사길 201 (문발동, 파주출판도시)
Tel (031)955-4211~6 donghwapub@nate.com
Fax(031)955-4217 www.donghwapub.co.kr
(등록) 1991년 6월 26일/6-130호

ISBN 978-89-7432-949-5

공급처 도서출판 **동 화 기 술**

感 謝 牌

韓國發明振興會長 李 祥 羲

(재임기간: 1994. 12. 25 ~ 2002.4.25)

창의 · 과학 · 발명
당신께서, 이 땅에 뿌리신 씨앗입니다.

헌신과 봉사, 인내와 열정
당신이 우리에게 안겨준 긍지입니다.

백발속에 감추어진 밝은 미소와 사랑
어둠 속에서 더욱 빛나는 당신의 모습입니다.

과학기술의 미래창조를 위해 진력하시는 당신
시대가 당신을 갈구하는 까닭입니다.

특허청장 김광림, 차장 정태신, 심판원장 연원석, 기획관이관 박상원
정보자료관 김진, 관이국장 오해정, 심사1국장 송주현, 심사2국장 정종섭, 심사3국장 김혜완,
심사4국장 정용환, 연수부장 윤종민, 심판장 손종채, 전상우, 박갑녹, 이성재, 남충우, 임육기,
김익만, 유영기, 김기효, 연무식, 송봉식, 이범호, 강완식, 총무과장 조희건 외 특허청 직원일동